삼보에
(상권)

가나로 쓴 일본 최초의 설화집
중세 일본의 불교교양서
일본 본생담의 보고

미나모토노 타메노리 지음
김태광 옮김

제이앤씨
Publishing Corporation

삼보에 (상권)

초판인쇄 2008년 6월 21일
초판발행 2008년 6월 30일

지은이 미나모토노 타메노리源爲憲
옮긴이 김태광金泰光

발행한곳 제이앤씨
등록번호 제7-270

주소 서울시 도봉구 창동 624-1 현대홈시티 102-1206
전화 (02) 992 / 3253
팩스 (02) 991 / 1285
URL http://www.jncbook.co.kr
E-mail jncbook@hanmail.net

ⓒ 김태광 2008 All rights reserved. Printed in KOREA

ISBN 978-89-5668-617-2   93830   정가 9,000원

* 잘못된 책은 구입하신 서점이나 본사에서 교환해 드립니다.

옮긴이 머리말

    여기에 옮기는 "삼보에(三寶繪)"는 일본 중세의 불교입문서
이자 가나로 쓰여진 일본 최초의 설화집입니다. 헤이안시대
중기인 서기 984년에 만들어진 이 작품은 불교에도 조예가 깊
었던, 당대 제일의 학자라 할 수 있는 미나모토노 타메노리가
찬집한 책으로, 17세의 꽃다운 나이에 돌연 출가를 결심한 일
명 불 공주로 알려진 손시(尊子)공주에게 바친 작품입니다.

    이처럼 최초 이 책은, 여성독자를 강하게 의식한 불교교양
서 내지 불교입문서였습니다만, 그 유포과정을 살펴보면, 남
녀를 불문하고 널리 읽혀 내려온 사실을 알 수 있습니다. "삼
보에"는 "콘쟈쿠 모노가타리슈우(今昔物語集)", "호우붓슈우
(寶物集) 등을 비롯한 후대에 등장하는 많은 설화집에 큰 영향

을 끼친 작품입니다.

서명인 "삼보에"의 '삼보(佛寶 · 法寶 · 僧寶)'라는 것은 불교의 교주인 부처님과 그 가르침인 법(法), 그리고 그것을 받드는 사람들의 집단(승려)을 보배에 비유한 말입니다. "삼보에"의 중심은 원래 그림이었다고 추정되고 있습니다만, 현존하는 것은 아쉽게도 그림은 하나도 없고 설명부분만 남아 있습니다.

이와 같이 "삼보에"는 '삼보'의 관점에서 보살도를 추구한 작품으로, 상 · 중 · 하 세권으로 이루어져 있는데, 상권 '불보'는 부처의 전생이야기로 꾸며진 본생담 13개를, 중권 '법보'는 경전의 영험 등을 담은 불교설화 18개를, 그리고 하권 '승보'에는 1월에서 12월까지 행해진 31개의 주요한 불교연중행사의 내용과 유래를 기록한 것입니다.

번역에 있어서는, 세권 각각의 구분이 명확하고 전체 분량이 많은 관계로 상 · 하 두 권으로 나누어 번역하기로 하였습니다.

먼저 이 책의 "삼보에(상권)"에서 전개되는 세계는 석가모니의 전생이야기, 즉 본생담의 세계입니다. 본생담의 대부분은 당시의 인도에 전해져오는 민간전승을 받아들여 석가의 전생이야기로 꾸민 것으로, 설화의 보고라 일컬어지고 있습니다. 예를 들면, 우리가 익히 들어 알고 있는 '귀토설화' 따위는 본생담에서 나온 이야기이며, 유럽의 '이솝이야기' 같은 것도 본생담의 영향 하에서 형성되었다고 할 수 있습니다. 본생담으로 1권을 구성한 것은 일본에서도 이 작품이 유일하다고 하겠습니다.

상권의 13개 본생담은 육도·만행(六度·萬行)의 구성원리 하에 이단(二段) 구성을 취하는데, 전반 6화는 보살(수행자)이 수행하는 기본덕목인 보시, 지혜 등 '육도(육바라밀)' 설화군으로, 후반 7화는 보살이 닦는 온갖 수행인 '만행' 설화군으로 구성되어 있습니다. "삼보에" 상권의 설화배열 구성에 있어서도 시간의 흐름이 의식되고 있습니다. 즉, 불교에서 말하는 가공된 시간의 흐름을 의식해 설화를 배열하였던 것입니다. 상권은 석가모니불이 부처가 되었던 길의 재구성을 통해, 일종의 보살도의 규범을 독자에게 제시하고·있습니다. 따라서 거기서 전개되는 세계는 이야기가 진행되면 진행될수록 보살의 지위는 높아져 가고, 그곳에서 전개되는 세계가 점점 불법화되어 가, 부처도래의 필연성을 이야기하고 있는 것입니다. 상권의 감동은 바로 이런 점에 있지 않았나 생각됩니다.

수록된 설화를 살펴보면, 전반부에는 시비왕(제1화)·수타마왕(제2화)·인욕선인(제3화)·대시태자(제4화)·상자리선인(제5화)·구빈대신(제6화) 이야기가, 이어서 후반부에는 유수장자(제7화)·견서사자(제8화)·사슴왕(제9화)·설산동자(제10화)·살타왕자(제11화)·수대나태자(제12화)·섬동자(제13

화) 이야기가 각각 구축되어 있습니다.

한일비교 관점에서 말씀드리면, 이곳에 수록된 본생담은 한국의 본생담의 보고 "석가여래십지수행기"에도 같은 이야기가 6개나 수록되어 있어, 비교가치가 매우 높은 귀중한 작품이라 할 수 있겠습니다.

번역은, 가능한 한 원문에 입각하여 충실히 행하도록 하였으며, 독자의 이해를 돕기 위해 각주와 그리고 부록에 작품해설과, 관련 참고논문을 두 개 두기로 하였습니다.

출판에 앞서 출판을 흔쾌히 수락해주신 제이앤씨 관계자분들께 감사드립니다.

"삼보에"라는 작품은 우리들에게 '불교란 무엇인가?', '부처가 되는 길이란 어떤 것인가?', '선과 악이란 무엇인가?', '인생이란 무엇인가?', '교양이란 무엇인가?', '일본고전이란 어떤 것인가?' 등을 조용히 사색하게 하여, 잔잔한 감동을 느끼게 해주는 책이라 생각합니다.

마지막으로 이 책을 접하는 모든 분들께 감사의 인사를 전합니다.

2008년 6월

옮긴이 김 태광

차례...

옮긴이 머리말 / 3
총 서문 / 11

상권 불보佛寶
불보 서문 / 22

육도六度 설화

제1화 시비왕 ·· 28

제2화 수타마왕 ······································ 34

제3화 인욕선인 ······································ 39

제4화 대시태자 ······································ 44

제5화 상자리선인 ·································· 52

제6화 구빈대신 ······································ 55

만행萬行 설화

제7화 유수장자 ·· 60

제8화 견서사자 ·· 65

제9화 사슴 왕 ·· 70

제10화 설산동자 ·· 76

제11화 살타왕자 ·· 83

제12화 수대나태자 ·· 90

제13화 섬동자 ·· 108

불보 찬讚 /

부록

"삼보에" 해설 ·· 122

〈참고논문〉

"삼보에" 상권의 생성 ·· 129

본생설화집을 통한 한일문화의 비교 연구 ············ 149

〈참고문헌〉• 167

삼보에
(상권)

가나로 쓴 일본 최초의 설화집
중세 일본의 불교교양서
일본 본생담의 보고

〈일러두기〉

① 한국어 번역에 있어서는, "삼보에" 사본 중, 한자가나혼합문의 도쿄국립박물관장본을 번역의 저본으로 삼았으며, 그 외의 사본이나 주석서들을 참조하여 번역하였음.

② 본문 중 저본 사본에 탈락되어 있어, 다른 사본에서 보충한 부분은 〔 〕로 표시하고 주를 달아 두었음.

④ "삼보에" 상권에는 목차나 본문제목이 없으나, 번역에서는 독자의 편의를 위해 각 설화에 등장하는 주인공 호칭을 갖고 목차나 본문제목으로 달았으며, 또한 지은이의 명확한 편찬의식을 반영하여 제6화까지의 전반을 '육도설화', 제7화 이후의 후반을 '만행설화'로 대별하였음.

⑤ 일본의 지명과 인명은 원지음에 따라 적고, 천축(인도)의 경우는 불전에 보이는 인명을 기본으로 삼았으며 산스크리트어 발음을 병기한 경우가 있음.

⑥ 독자의 편의를 위해 한글을 기본으로 번역하되, 난해한 부분이나 한자가 필요하다고 판단되는 경우, 한글(한문) 병기를 기본으로 하였음.

총 서문

옛날사람이 한 말이 있다.

"사람의 몸을 곰곰이 생각해 보면 물가 한구석에 뿌리가 막 잘려나가려고 하는 풀과 같고, 사람의 목숨을 논하면 그것은 강가에 묶어놓지 않은 한 척의 배와 같다!"

라고. 그리고 또,

"이 세상을 무엇에 비유할 수 있을까? 새벽녘에 노를 저어 가는 배 뒤에 일어나는 흰 파도와 같다!"

라고도 했다. 중국에서도 일본에서도 사물의 이치를 아는 사람은 이렇게 말하고 있는 것이다. 더구나 깨달음이 크며, 넓은 자비심을 가지신 부처님의 가르침에는 "세상사물이 오래 지속되거나 완전한 모습일 수 없는 것은 물거품, 마당에 생긴

물웅덩이, 봄날에 핀 아지랑이와 같은 것이다! 너희들 모두모두는 빨리 덧없는 이 세상을 벗어나는 마음을 가지도록 하라!"라고 말씀하셨다. 부처님은 일반중생들의 아버지이시다. 설마 자식을 위해 나쁘게 되는 것을 권하실까? 하늘 아래 사람들은 이 도리를 알고 있는 사람은 많지만, 아침이슬이 남아있는 약간의 시간을 믿고 여름철 벌레가 몸이 불탄 다음에 후회하는 것과 같은 것을 하는 것은 어리석은 짓이다. 난폭한 지옥의 사자(使者)에게 쫓겨 어두운 길로 향해 갈 때 지옥의 옥졸(獄卒)이 말하길,

"너는 인간의 몸을 가졌음에도 불도(佛道)를 닦지 않고 허송세월을 보내 버렸다. 보물 산에 들어가 아무런 보물도 얻지 못하고 돌아오는 것과 같다. 자기 자신이 게을리 한 것이기에 누구를 원망할 수 있겠어?"

그렇게 말하고 때리며 괴롭힐 때에 아무리 후회한들 소용이 없는 것이다.

석가모니 부처님이 열반[1]에 드신 뒤 1933년[2]이 경과되었다. 상법(像法)[3]의 시대에 살 수 있는 것도 이제 남은 해[4]가

---

1) 모든 번뇌의 속박에서 벗어나 깨달음을 완성한 경지 또는 죽음의 세계에 들어가는 것.

2) 석가모니의 열반 시기에 관해서는 여러 설이 있으나, 주(周) 목왕(穆王) 52년(기원전 949년)설에 따르면, 본서집필년도인 에이간(永觀) 2년(984)년은 열반 후 1933년에 해당함.

3) 석가모니의 열반 후의 시대를 정법(正法)·상법(像法)·말법(末法)으로

얼마 남지 않았다. 아! 인간의 몸으로 태어나 부처님의 가르침에 만나는 것은 범천(梵天)[5]이 천상에서 떨어뜨리고 있는 실이 대해(大海) 안에 있는 바늘을 통과하는 것보다 어렵기에, 지금의 이 몸을 허무하게 보내버려서는 더 이상 장래를 부탁할 시간이 없다. 서둘러 부처님을 마음속으로 염원하고, 불법을 듣고, 스님을 공경해야 한다. 그렇게 할 수 있는 것은 단지 지금뿐인 것이다.

당신은 들어보지 못했는가? 인도 왕사성(王舍城)[6]의 한 장자(長者)[7]가 재산을 모아 부자가 되었다고 즐기고 있었으나, 사후 뱀으로 다시 태어나 옛날 그 집의 곳간을 지키고 있었다는 이야기를! 그리고 또 들어보지 못했는가? 인도 사위국(舍衛國)[8]의 한 여인이 거울을 보면서 자신의 얼굴이 아름답다고

나누는데 그 중 상법(像法)은 제2시기로 교(教)와 행(行)은 있지만 깊은 깨달음을 얻을 수 없게 된 시기.

4) "대비경(大悲經)"의 정법(正法) 천년, 상법(像法) 천년, 말법(末法) 만년설에 따르면, 본서 집필년도인 984년으로부터 67년 후인 에이쇼우(永承) 7년(1052)이 말법 원년이 됨.

5) 하늘에 사는 신, 범천왕(梵天王). 원래 힌두교의 창조신이었으나, 불전(佛典)에서는 부처에게 설법을 권장하기도 하고, 불법(佛法)을 기리고 지키는 신으로 자주 나옴.

6) 중인도(中印度) 마가다국(摩揭陀國)의 수도로 아사세왕(阿闍世王)의 도성이었음. 지금의 퍼트나시 남방(南方) 비하르 지방(地方)의 라지기르가 그 옛터라고 하는 데, 불교(佛敎) 교화(敎化)의 중심지(中心地)로, 석존 일대의 설법(說法)은 여기서 했으며, 불교(佛敎)에 관(關)한 유적(遺蹟)이 많음.

7) 부호, 부자.

자만하고 있었으나, 사후 벌레로 다시 태어나 이전 몸의 머리
에 살고 있었던 이야기를! 뱀이 되거나, 벌레가 될 것이라고는
생전에는 생각하지 못했겠지만, 집을 탐하고 모습을 탐했기
때문에 후세에 그렇게 된 것이다. 이와 같은 것에서 알 수 있
을 것이다. 화려하게 꾸민 집을 짓는 것도 죄를 짓는 원인이
된다는 것을! 집을 나와서 불국(佛國)[9]을 추구해야 한다. 좋은
얼굴모습도 애석해 할 것 없다. 얼굴모습을 버리고 불신(佛
身)[10]을 원해야 한다. 현재 전해져 오고 있는 경전에 설(說)해
있는 이치를 찾고 추구하여 부처가 되는 길을 꼼꼼히 찾아라.
헤아릴 수 없을 정도의 시간이 거듭되고 세월을 쌓아도 구하
지 않으면 되지 않는 것이다. 하루 한시라도 부처를 추구하는
마음을 일으키면 얻을 수 있을 것이다. 설령 백, 천, 만, 억의
보탑(寶塔)을 세우고, 팔만사천의 법장(法藏)[11]을 옮겨 적고,
진귀한 보물을 가난한 사람들에게 나눠 베풀고, 그리고 자신
의 살아있는 몸을 갈라 남들에게 주더라도 그것을 최고로 뛰

---

8) 중인도(中印度) 가비라위국(迦毘羅衛國)의 서북에 위치. 석가가 25년
   간 설법 교화하였다는 땅으로서, 바사익왕(波斯匿王) 및 비유리왕(毘
   瑠璃王)의 도성(都城)이었음. 지금의 인도 곤다주(Gonda州)의 세트마
   헤트(Setmahet)에 해당.
9) 불국토(佛國土)를 말하는 것으로 부처의 나라, 부처의 세계.
10) 부처의 신체.
11) 부처가 설한 교법(敎法). 부처의 가르침은 여러 뜻을 내포하고 있기
    때문에 '법장(法藏)'이라 하고, 그 수는 팔만사천개로 설(說)해짐.

어나다고는 설(說)하고 계시지 않는다. 그저 하루 동안의 출가(出家) 공덕만이 여러 가지 중에서 비교할 수 있는 것이 없을 정도로 뛰어난 것이다. 불계(佛界)[12]에 있는 자들은 모두 기뻐하시고 마군(魔軍)[13]들은 모두 부들부들 떤다. 그래서 그것을,

"생사를 넘는 배, 열반(涅槃)의 세계에 들어가는 양식!"

이라고 칭찬하시고 계시는 것이다. 이런 연유로 바라문(婆羅門)[14]이 술에 취한 나머지, 잠깐 동안 승려의 모습이 되었기 때문에 나중에 법문을 들을 수 있었고, 연화색(蓮花色)[15]이 장난삼아 한번 비구니의 옷을 입었더니, 그 덕택에 의해 현재에 이르러 부처님을 만날 수 있었다. 술에 취해 제정신이 아닌 상태, 장남삼아 입은 옷이었음에도 그 공덕이 마침내는 결실을 맺는데, 현명하고 진실된 마음이라면 그 공덕의 정도는 정말로 헤아릴 수 없을 것이다.

아아! 고귀하도다. 내가 가까이 모신 레이제이인(冷泉院)[16]의 둘째 자녀에 해당하시는 공주님[17]은, 봄꽃도 자기 모습을

---

12) 부처의 세계.
13) 석가모니의 득도를 방해한 악마의 군사.
14) '바라문'은 인도 4계급 제도 중에 최상위의 승려 계급.
15) '연화색'은, 장난삼아 비구니의 옷을 입은 덕택에 나중에 득도하게 되었다는 불교설화에 등장하는 '연화색비구니'라는 인물.
16) 헤안(平安)시대 중기 제63대 천황인 레이제이천황(冷泉天皇)의 퇴위 후의 칭호. 967년~969년까지 2년간 재위.
17) 호칭명은 손시(尊子)공주. 이 책의 독자임,

부끄러워하고 한풍(寒風)에 맑게 울리는 소나무 소리도 공주님의 목소리에는 양보할 정도로 아름다우시며, 비록 황족으로 태어났지만 오탁(五濁)[18]이 만연하는 악세(惡世)를 싫어하여 출가(出家)하신 것이다.

저 유명한 승만(勝鬘)[19]은 바사익왕(波斯匿王)의 딸이다. 그녀가 불심을 일으킨 것은 누가 가르친 것이 아니다. 유상(有相)[20]은 우다선왕(宇陀羨王)의 부인이다. 머리를 깎은 것은 누가 또 권했단 말인가? 그런 일은 결코 없었다. 귀한 집에 태어나 높은 지위를 갖추시고 계셨지만, 극락정토의 연꽃 위에 왕생(往生)하는 것은 고귀한 본래의 서원(誓願)[21]이었기에 우선 성불의 인(因)이 되는 불연(佛緣)을 맺고, 보리심(菩提心)[22]을 추구하는 것은 고귀한 소원이기에 굳이 부처님의 계율을 받은 것이다.

---

18) '오탁(五濁)'은 감겁(減劫, 사람의 수명이 감소하는 기간)에 일어나는 다섯 가지 재앙, 즉 겁탁(劫濁)·견탁(見濁)·번뇌탁(煩惱濁)·중생탁(衆生濁)·수명탁(壽命濁).

19) 승만부인(勝鬘夫人)은 중(中)인도 사위국(舍衛國)의 국왕이었던 바사익왕(波斯匿王)의 딸. 아유도국(阿踰闍國)에 시집을 가 불교를 깊이 신봉.

20) "잡보장경(雜寶藏經)"의 이야기("법원주림(法苑珠林)"에도 수록)에는 우다선왕(宇陀羨王)의 부인인 유상부인(有相夫人)이 자기의 죽음이 가까워진 것을 알고 출가하여 팔계제(八戒齊)를 받아, 출가 후 하루 만에 죽었으나 천상에 태어날 수 있었다는 이야기가 실려 있음.

21) 꼭 부처·보살이 성취되도록 맹세하는 바램.

22) '보리(菩提, 깨달음, 득도)를 추구하는 마음', '깨달음을 얻고 싶다고 원하는 마음' 등의 의미.

총 서문   17

　현재의 세상을 보고 옛날 과거의 일을 생각해 보아도, 시대
는 틀리지만 사물의 이치는 같다. 구슬을 꿰어 떨어뜨린 발
(簾), 비단을 친 장막은 원래의 주거(住居)이지만, 부처님 전에
향을 피우고 꽃을 바치는 것은 공주님이 지금 수행하는 일이
시다.

　그렇지만 여전히 봄날이 지는 것은 늦고, 숲 속에서 우는 휘
파람새 소리는 조용하다. 가을밤은 빨리 열리지 않고 벽을 등
진 등불은 희미하게 빛난다. 바둑은 날을 보내는 데는 좋은 놀
이이지만, 서로 이기려는 마음이 좋지 않다. 또한 거문고는 밤
을 보내는 데는 좋은 벗이지만, 소리에 집착하는 마음이 생겨
버린다. 그리고 '모노가타리'23)라고 하여 여자의 마음을 달래
는 것은 숲 속의 풀보다도 많고 해변 가의 잔모래보다도 많지
만, 나무·풀·산·강·새·짐승·물고기·벌레라는 이름으
로 불러지고 있는 자연물에 대해, 말을 못하는 것에 말을 하게
만들고, 감정이 없는 것에 감정을 가지게 하고 있기 때문에 단
지 덧없는 말만 퍼트리고 정말 진실한 말은 남겨져 있지 않다.
"이가(伊賀)의 타오메"24) "토사(土佐)의 오토도" "이마메키의
츄우죠우(中將)25)" "나가이의 지쥬우(侍從)26)"과 같은 '모노가

―――――――――――――――――

23) '모노가타리'는 '이야기'라는 뜻으로 여기서는 산문의 문학작품 장르
　　를 지칭.
24) 이하는 현재 산실(散失)된 '모노가타리' 문학작품군임.
25) '츄우죠우'는 옛날 궁중과 천황의 호위를 맡은 근위부(近衛府) 차관.

타리'는 남녀에 관한 일에 '꽃이야 나비야'라고 하기에, 공주 님에게는 오히려 함부로 말하는 죄의 근원이 될지언정 조금도 마음이 끌리는 것이 아닐 것이다.

'도대체 무엇을 가지고 고귀한 마음을 격려하고 조용한 마음을 달랠까?'라고 생각해보니 옛날 용수보살(龍樹菩薩)[27]이 선타가왕(禪陀迦王)[28]에게 가르친 게문(偈文)이 떠올랐다. 게문에는,

"만약 그림으로 그린 것을 보더라도, 사람이 말하는 것을 듣더라도, 혹은 경전이나 서책에 따라 스스로 진리를 터득하도록 명심하시오!"

라고 하고 있다.

그래서 많은 고귀한 이야기를 그림으로 그리게 하고, 그것에다 경전과 서책의 글월을 덧붙여 바친다. 이 책의 이름을 '삼보(三寶)'[29]라고 한 것은 이것을 읽고 전하는 사람에게 삼귀(三歸)[30]의 인연을 맺게 하기 위해서이다.

---

26) '지쥬우'는 천황 가까이서 보좌하면서 잡일을 처리하는 직책. 대부분 대정관 차관이 겸직하였음.

27) 2세기 후반에서 3세기 전반에 걸쳐 남(南)인도에서 크게 불교를 선양했다. "대지도론"의 저자.

28) 인도 교살라국(憍薩羅國)의 왕. 용수보살에 귀의하여 불교를 크게 일으킴.

29) 불교의 교주인 부처님과 그 가르침인 법(法), 그리고 그것을 받드는 사람들의 집단(승려)을 보배에 비유한 것임.

30) 삼귀의(三歸依)의 준말로 불·법·승의 삼보(三寶)를 믿고 따르는 것.

그 수를 삼권으로 한 것은 삼시(三時)[31]의 시각에 맞춘 것이다. 상권은 아주 옛날 부처님이 과거세(過去世)에 수행하신 이야기를 적은 것으로 여러 경전에서 인용하였다. 중권은 그렇게 멀지 않은 옛날 일로, 불교가 일본에 전해져 퍼진 상태를 기록한 여러 기록에서 골라 모았다. 하권은 정월에서 12월에 이르기까지의 현재 스님들이 행하는 불사(佛事)를 여기 저기 절에서 뽑아낸 것이다. 각각 권두에는 서문을 두어 취지를 설명하고 또한 각각의 말미에는 찬부(讚部)를 두어 그 불덕(佛德)을 칭찬하였다. 모두 불법승(佛法僧) 삼보를 표현한 것이기에, 상권도 좋고 중권도 좋고 또한 하권도 좋다. 이 세상 어느 곳에든 삼보의 가호(加護)가 계시어 지켜주실 것이다.

미카와(參河)의 곤노카미((權守),[32] 미나모토노 타메노리(源爲憲)[33]는 공주님 가문으로부터 산보다도 무거운 은혜를 입었고, 바다보다 깊은 충성심을 가진 궁인(宮人)이다. 젊을 때에 글월을 배워 과거 급제하였고, 늙어서는 불문(佛門)에 들어서 나중에 구품(九品)[34]의 극락정토에 왕생하여 연대(蓮臺)[35]에

---

31) 신조(晨朝) · 일중(日中) · 일몰(日沒).
32) 임시로 중앙에서 파견된 지방관료.
33) 이 책의 저자. 오랫동안 미노(美濃), 이가(伊賀) 등의 지방관을 역임. 일본 36歌仙의 한사람인 미나모토노 시타고우(源順)의 문인(門人)임. 한시(漢詩)와 일본의 정형시(定型詩)인 와카(和歌)에도 능하였음.
34) "관무량수경(觀無量壽經)"에 의하면, 극락정토에는 9단계의 품계(品界)가 있음. 먼저 극락세계의 과상(果相)을 상중하의 품계로 나누고

오르는 것을 바라고 있다. 널리 내전(內典)의 불서(佛書)와 사서(史書) 등의 외전(外典)을 살펴보면, 마음은 은혜를 위해 섬기고 성불은 인(因)뿐만 아니라 연(緣)에 의해서 이루어지는 것이다.

정성을 들여 공덕이 많은 말을 모으고 깊은 깨달음을 얻을 수 있는 원리를 옮겨 적으니, 나의 진심은 문장 위에 흐트러지고, 눈물은 빗물처럼 붓 아래로 떨어진다. 부디 이 뜻에 따라, 후세에도 또한 인도(引渡)받을 수 있게 되기를! 예를 들면, 정반왕(淨飯王)의 아드님[36]이 부처님이 되셨을 때, 오래전부터 자기를 섬겼던 교진녀(憍陣女)[37]를 다른 사람보다 먼저 인도하신 것처럼 되고 싶은 것이다.

때는 에이간(永觀) 2년(984) 11월[38]이다.

또 다시 각각의 품계를 상중하로 나누어 구품(九品)으로 함.

35) 극락세계에는 각각의 품계마다 성중(聖衆)이 자리 잡아 앉는 연대가 있다고 함.

36) '정반왕'은 석가모니의 아버지. 따라서 '아드님'은 싯다르타(悉達太子) 즉 석가모니를 가리킴.

37) 처음에 석가와 고행을 함께하고 나중에 최초로 불제자가 된 다섯 명의 비구 중 한사람.

38) 이 때의 천황은 즉위한지 얼마 되지 않은 손시(尊子)공주의 남동생인 카잔(花山)천황.

상권 불보佛寶

불보 서문

우리 석가모니 부처님이 아직 범부(凡夫)[39]로 계셨던 전생의 무수한 세월동안, 부처님은 중생들을 위해 불도수행의 마음을 일으키고 무한대로 넓은 이 세계라지만 조금이라도 몸을 희생시키지 않은 곳이 없었다. 그렇기 때문에 이번에는 왕궁에 태어나 오욕(五慾)[40]을 버리고 부왕과 헤어져 보리수 아래에서 네 가지 악마[41]를 물리치고 부처가 되신 것이다.

세 가지 배워야 할 계(戒)・정(定)・혜(慧)[42]에서부터 사변(四辯)[43], 오안(五眼)[44], 육통(六通)[45]을 몸 안에 갖추고, 삼십

---

39) 아직 깨달음의 경지에 도달하지 않은 전생(前生)에서의 부처를 이르는 말

40) 눈・코・귀・혀・몸에서 생기는 다섯 가지 욕망

41) 사람의 마음을 혼란시키고 불도수행을 방해하는 번뇌마(煩惱魔), 음마(陰魔), 사마(死魔), 타화자재천마(他化自在天魔)를 '사마(四魔)'라 함.

42) 원문의 '삼학(三學)'은 수행자가 깨달음에 도달하기 위해 배워야 할 계(戒)・정(定)・혜(慧) 세 가지를 말함.

43) 법(法)・의(義)・사(詞)・변(辯)을 '사변(四辯)'이라 하고 이것을 갖추어야 자유자재로 설법(說法)이 가능해짐.

44) 부처가 구비하는 다섯 가지 관찰력. 즉 육안(肉眼)・천안(天眼)・혜안

불보 서문   23

이상(三十二相)[46], 팔십종호(八十種好)[47]는 밖으로 뚜렷하게 드러나 계셨다. 신체는 하늘에 닿을 듯 하고, 얼굴모습은 동그란 만월(滿月)과 같았다. 묶은 머리는 푸른 실을 감은 것 같고, 눈썹사이는 흰 구슬을 장식해 있는 듯하다. 눈썹은 가느다란 달을 늘어놓은 듯 하고, 치아는 흰눈을 머금은 듯 하다. 눈은 푸른 연꽃에 비유되고, 입술은 빨간 나무열매와 같았다. 피부는 황금으로 빛나 먼지 하나 없고, 천폭(千幅)의 주름을 가진 발바닥은 걸어도 땅에 닿지 않았다. 이와 같은 가지가지의 상(相)은 어느 것이나 모두 전생에서 닦은 '수많은 수행'의 덕과 '여러 바라밀'[48]이 이루게 한 것이다. 범천의 뛰어난 눈으로도 그 정상을 볼 수 없고, 목련의 신통력으로도 그 소리를 밝혀내지 못한다.

경전에서 말하길,

"방등경(方等經)[49]을 비방하고, 절의 물건을 훔치고, 오악(五惡) 죄[50]을 짓거나 네 가지 중(重)한 죄[51]를 지은 자일지라

(慧眼) · 법안(法眼) · 불안(佛眼).

45) 육신통(六神通)이라고도. 여섯 가지의 초인적 능력. 숙명통(宿命通) · 천안통(天眼通) · 누진통(漏盡通) · 천이통(天耳通) · 타심통(他心通).
46) 부처의 몸에 갖추어진 32개의 길상(吉相).
47) 미세해서 언뜻 드러나지 않는 80종의 복상(福相).
48) 보살이 실천해야 할 기본덕목으로 보통 6종(육바라밀) 혹은 10종(십바라밀)을 열거한다. '바라밀'은 '바라밀다'라고도 하며 피안(彼岸, 깨달음)에 이르는 행(行)이라는 뜻으로 해석됨.
49) 심오한 진리를 설(說)한 화엄 · 법화 등의 대승경전

도, 만일 하루 동안이나마 정성을 들어 부처님의 한 가지 복상(福祥)을 마음속으로 염원하면, 모든 죄는 없어지고 부처님을 반드시 만나 뵐 수 있게 될 것이다!"

라고 말씀하셨다.

또한 신통한 힘을 가지시어 신기하게 중생들의 마음을 사로잡는다. 승밀(勝蜜)52)은 불로서 부처님을 해하려 하였지만, 부처님은 불바다를 연못으로 변하게 만들어 무사하셨다. 가섭(迦葉)53)은 배에서 해하려 하였지만, 부처님은 물 위를 땅에서와 같이 걸어 나가시어 가섭을 허무하게 만드셨다.

그리고 또한 자비심으로 중생의 괴로움을 잘 구제해 주신다. 사악한 사람이 죽인 벌레도 부처님이 지나가신 자리에 놔두면 곧바로 되살아났다. 사리불(舍利弗)54)이 구해준 비둘기도 부처님 곁에 숨자 어떤 두려움도 사라졌다. 이와 같이 삼계(三界)에 살아가는 모든 중생들이 의지하는 바이고 살아있는

---

50) 불교의 윤리에 반하는 다섯 가지 대죄. 살모(殺母)·살부(殺父)·살아라한(殺阿羅漢)·파화합승(破和合僧)·출불신혈(出佛身血).

51) 승려가 범해서는 안 되는 네 가지 중한 죄. 살생(殺生)·투도(偸盜, 도둑질)·사음(邪淫)·망어(妄語).

52) 왕사성(王舍城)의 장자(長者). 부처님을 초대해 불구덩이에 떨어뜨리려 하였음.

53) 석가의 십대 제자 중 한 사람. 석가가 죽은 뒤 제자들의 집단을 이끌어 가는 영도자 역할을 해냄으로써 '두타제일(頭陀第一)'로 칭송됨.

54) 석가의 10대 제자 중 한 사람. 주로 교화 활동에 종사. 지혜가 가장 뛰어나 '지혜제일(智慧第一)'로 칭송됨.

모든 생물이 우러러 받드는 것인 것이다.

원래 부처님은 색깔에 의해 표현할 수 있는 것이 아니다. 또한 소리를 가지고 찾을 수 있는 것도 아니다. 인연에 의해 모습을 나타내는 것은 하늘의 달이 물에 떠오르는 것과 같은 것이다. 소원에 따라 소리를 들려주는 것은 하늘에 있는 북이 진심에 응해서 울리는 것과 같다. 법신(法身)은 허공에 가득 차 계시는 곳이 없지만 임시로 6척의 형상을 나타내 계시고, 수명은 한이 없지만 거짓으로 80세로 끝마치신 것이다. 대지를 부수어 그 먼지를 셀 수는 있어도 부처님의 수명은 셀 수가 없다. 대해(大海)의 물을 다 퍼낼 수는 있어도 부처님의 깨달음의 깊이는 셀 수가 없다. 열반에 드신 후 지금까지 신기하고 영묘한 일이 많았다. 바위동굴 안에 부처님의 형상을 남겨두자 악룡(惡龍)은 항상 그것을 바라보고 나쁜 마음을 이겨냈으며, 바위 위에 부처님의 모습을 남겨두자 악왕(惡王)이 그것을 아무리 떼어내 지우려 애를 써도 그 모습은 사라지지 않았다.

부처님은 육안에서 잠시 떨어진 곳에 계시고 영원히 돌아가셨다고 말할 수 없다는 사실을 알아야 한다. 부처님은 항상 우리의 마음속에 계신다. 머나먼 곳으로 사라지셨다고 생각할 수 없다. 하물며 부처님이 도리천(忉利天)[55]에 올라 가셨을 때

---

55) 천상의 욕계(欲界) 6천(六天)의 제2천. 세계의 중심인 수미산(須彌山)의 정상에 있으며 제석천(帝釋天)의 천궁(天宮)이 이곳에 있다고 함.

부터 만들어 전해지는 형상(形像)을 보고, 사라나무 숲 속에서 열반에 드신 이후 남겨두신 사리에 절을 하고, 세상사에 흐트러진 마음으로 한 송이 꽃을 바치고, 장난삼아 손가락을 맞잡는다. 잠시라도 마음을 다하여 부처님의 이름을 부르면, '죄를 소멸하겠다는 소원'을 들어 주신다는 약속, 부처님이 현생(現生)에 계실 때와 조금도 다름이 없다. 천상 천하에 부처님과 비유될 수 있는 것은 없고, 십방(十方) 세계에도 그런 유(類)가 없다. 이에 나는 지금 합장하고 부처님의 훌륭하고 뛰어나신 이야기를 적는다.

 中国 高等教育出版社

제1화
시비왕

보살[1]은 언제 어느 세상에서라도 항상 보시행(단바라밀)[2]을 닦는다. 그리고 마음속에는 늘 이렇게 생각하고 있다.

'만일 다른 사람에게 베푸는 마음을 배우지 않는다면, 언제나 가난하고 고통스런 몸을 받게 될 것이다. 남을 도와주는 힘을 길러 부처가 되는 길을 닦자!'

라고. 자신이 가지고 있는 물건은 청하는 대로 모두 준다. 나라·성·아내·자식을 남에게 베푸는 것이라도 초목을 버리는 것보다 집착하지 않는다. 머리·눈·손·발을 주는 것도 돌과 흙덩이를 던지는 것보다 쉽게 한다. 하물며 이 이외의 보

---

1) 보리살타(菩提薩埵)의 줄임말. 보리(깨달음)를 구하는 사람이라는 뜻. 부처가 전생에 중생 구제의 뜻을 두고 보리를 구하기 위해 수행하던 시절의 몸. 나아가, 위로는 보리를 구하고 아래로는 중생을 제도하는 대승 불교의 이상적인 수행자상을 말함.

2) 보시행(布施行, 檀波羅蜜)은 보살이 수행해야할 기본덕목인 육바라밀 중 첫 번째 덕목으로, 다른 사람에게 돈, 밥, 선법(善法), 무외(無畏)를 베푸는 수행법(修行法).

제1화 시비왕　　　29

물들이야 하나라도 아끼는 마음이 없는 것은 당연하다.

　옛날 한 국왕이 계셨다. 시비왕(尸毘王)[3])이라 하였다. 자비로운 마음이 깊어 중생들을 대하기를 마치 자기 자식처럼 대하였다. 제석천(帝釋天)[4])이 그 왕의 본심을 시험해보고자 하여 비수갈마천(毘首羯磨天)[5])에게 말하기를,

　"너는 달아나는 비둘기가 되어 왕의 품속에 뛰어 들어가거라. 나는 비둘기를 쫓는 매가 되어 왕의 마음을 시험해볼 테니까."

　라고 말하고 각각 비둘기와 매가 되었다. 비둘기는 날아와서 왕의 겨드랑이 속으로 들어갔다. 매는 비둘기를 뒤쫓아 가서 왕 앞에 있는 나무에 앉아 말하였다.

　"저에게 비둘기를 되돌려 주세요?"

　왕은,

　"나는 중생을 구제하자고 이미 오래전에 서원(誓願)을 하였다. 절대 되돌려 줄 수는 없다!"

---

3) 부처가 과거세상에서 보살행을 닦을 때의 한 이름. 상권 불보에 수록된 이야기는 모두 부처의 전생이야기인 본생담임. 참고로 "대당서역기"에서는 주인공의 이름을 '시비가왕(尸毘迦王)'이라 하고 있음.

4) 불법 수호신. 욕계(欲界) 제2천인 도리천(忉)의 주인이며, 수미산(須彌山) 위의 희견성(喜見城)에 살면서 중턱에 있는 사천왕을 거느림. 원래 인도의 영웅신이였던 인드라(Indra)가 불교에 받아들여져 범천(梵天)과 함께 불법을 지키고 불제자를 보호하는 선신(善神)이 되었음.

5) 제석천의 명을 받들어 건축·공예 등을 관장하는 천신(天神).

고 하였다. 매는,

"저는 중생이 아니란 말입니까? 어째서 저는 불쌍히 여기지 않고 오늘 먹을 음식을 빼앗으신단 말입니까?"

라고 말하였다. 왕은 비둘기의 목숨을 구하고자 생각한다. 또한 한편으로 매의 굶주림도 채워주고 싶어서, 칼을 빼내들고 자신의 허벅지살을 잘랐다.

매가 말하길,

"비둘기 무게와 똑같이 받고 싶습니다."

라고 한다. 왕이 저울로 달아 보니, 비둘기 몸이 훨씬 무겁고 왕의 살은 정말 가벼웠다. 그래서 또 한쪽의 허벅지살을 떼어내 추가해보지만 여전히 가벼웠다. 그리하여 두 팔과 등살, 그리고 몸에 있는 모든 살을 추가하였지만 그래도 가벼웠다. 매가 말하길,

"살을 모두 떼어내어도 역시 비둘기 쪽이 무겁군요. 그 이상 무엇을 더 추가할 수 있단 말입니까? 빨리 비둘기를 되돌려 주세요?"

라고 재촉하였다. 왕이 말하였다.

"어떤 일이 있어도 되돌려줄 수는 없다."

그렇게 말하고는 자신의 몸 전체를 저울에 올려보려고 할 때, 근육이 끊기고 기진맥진하여 그 장소에 굴러 떨어져 버린다. 왕은 스스로 자기 자신을 책망하여 말하기를,

제1화 시비왕　　　31

　"이 고통은 정말 아무 것도 아니다. 지옥의 고통은 끝이 없다. 내가 지금, 사물의 도리를 깨우치고 있는 사람으로서 이런 일에 연연한다면, 만약 지옥에 떨어진 사람 중에 도리를 깨우치지 못한 사람의 고통은 도대체 어쩌란 말인가? 나 자신 이미 원(願)을 세워 중생들을 구제하려고 마음먹었다. 어찌하여 이 정도의 일에 괴로워하고 헤매어 나약하게도 굴러 떨어졌단 말인가! 누군가 와서 나를 좀 도와 일으켜 세워다오."

　그렇게 말하고는 또 다시 일어서려고 발버둥쳤다. 왕이 저울 끈을 잡고 매달려 있는 힘을 다해 일념으로 오르려고 하자, 마음에는 평정을 되찾고 후회하는 생각도 사라졌다. 그 때 대지는 육종(六種)6)으로 진동하고, 하늘에서는 꽃이 비 오듯 뿌려졌다. 바다에는 풍랑이 일고, 마른 나무에는 꽃이 만발했다.

　천인(天人)이 와서 크게 칭찬하며 말하였다.

　"한 마리 작은 새를 위해서조차 소중한 몸을 아끼지 않는다. 정말로 보살이로다. 필시 멀지 않아 부처가 될 것이다."

　비둘기는 매를 향해 말했다.

　"우리 두 사람은 잘못하여 보살의 몸을 상처투성이로 만들어버리고 말았군요.

―――――――――

6) 대지가 상하, 사방의 육종으로 진동하는 것. 부처나 제천(諸天)이 크게 감동받았을 때에 일어나는 현상.

빨리 제석천의 힘으로 임금님의 상처를 낳게 해 주오."

즉시에 매는 제석천 원래 모습으로 변하여 왕에게 물었다.

"너는 몸을 해하여 아프고 괴로울 터인데, 후회하는 마음이 없느냐?"

왕이 대답하였다.

"마음 속 깊이 기뻐하는 마음뿐입니다. 전혀 후회하는 마음이 없습니다."

제석천이 말하기를,

"그렇게 말하여도 그것을 증명할 증거가 없지 않는가? 누가 그것을 진실한 말이라고 믿을 수 있겠는가?"

왕이 맹서하며 말하였다.

"지금 내 몸을 보시하여 마음 깊이 불도를 구하고 있는데, 만일 내 마음에 거짓이 없고, 내 소원이 앞으로 이루어질 것이라면, 바라건대 이 상처투성이의 몸을 곧바로 원래대로 되돌려 주십시오."

제석천이 하늘의 약(藥)7)을 가지고 왕의 몸에 부어 발라주니, 이전과 같이 살이 생겨나 상처는 아물고 원래 모습으로 되돌아왔다. 사람들은 그것을 보고 크게 기뻐하였고, 왕을 칭송하였다. 왕은 그 이후로 남에게 베푸는 마음이 점점 더 깊어져

---

7) '하늘의 약'에 관한 것은 "대지도론"에는 보이지 않고, "육도집경"에 보이는 부분임.

갔다.

이와 같이 자기 자신의 목숨까지도 아끼지 않고 베푸는 것을 보시바라밀의 극치라고 하는 것이다. 옛날의 시비왕은 지금의 석가여래[8]이시다. 이 이야기는 "육도집경"[9], "대지도론"[10]에 실려 있다. 그림이 붙어있다.[11]

---

8) '여래'는 부처를 높여서 이르는 말.
9) 오(吳)나라 강승회(康僧會)가 서기 251년~280년 사이에 한역한 불교설화집. 본생담의 형식으로 육바라밀에 관한 불교설화 91편을 수록. 이 설화는 제1권에 보임.
10) 후진(後秦)의 구마라십(鳩摩羅什)이 서기 402년에서 405년 한역한 "대품반야경"의 주석서. 전100권. 이 설화는 제4권에 보임. "삼보에"의 이 설화는 대부분 "대지도론"에 의거하였으나, "육도집경"도 이용하였음.
11) 상권 불보의 제1화에서 제6화까지 그림이 붙어 있다는 기사가 보임. 다만, 성립당시 모든 이야기에 그림이 있었는지에 대해서는 아직 밝혀지지 않았음.

제2화

수타마왕須陀摩王

보살은 언제 어느 세상에서라도 항상 계율을 지키는 지계행 (지계바라밀)[1]을 닦는다. 그리고 마음속에는 늘 이렇게 생각하고 있다.

'만일 계율을 지키지 않는다면, 언제나 악도(惡道)[2]에 떨어질 것이다. 좋은 몸으로 태어나지 않고서는 어떻게 고귀한 부처의 길을 닦을 수가 있을까?'

라고. 자신의 목숨에 집착하지 않고 계율을 소중히 하는 것은, 마치 상투머리 안에 고이 간직하고 있는 구슬을 지키는 것과 같고, 또한 해상 교통수단으로는 배를 믿는 것과 같은 것이다.

옛날 한 국왕이 있었다. 수타마왕(須陀摩王)[3]이라 하였다.

---

1) 육바라밀 중 제2번 덕목인 지계행(持戒行, 持戒波羅蜜)은 불교의 계율을 굳게 지키는 수행법(修行法).
2) 육도(六道) 중의 지옥(地獄)·아귀(餓鬼)·축생(畜生)의 삼도(三道).

제2화 수타마왕　　　　　　35

거짓말을 하지 않는 계율을 지키고 있었다. 많은 여성들과 함께 동산에 들어가 놀기 위해 마차를 타고 문을 나설 때, 한 바라문이 문전에 와서 왕에게 부탁을 하였다.

"저는 가난하여 죽을 지경입니다. 무엇이든 좀 베풀어 주십시오."

라고 하였다. 왕은,

"되돌아 와서 주지."

이렇게 말하고 문을 나섰다. 왕이 동산에 가서 놀고 있는데, 녹족왕(鹿足王)[4]이 하늘로부터 날아와 수타마왕을 낚아 채 갔다. 마치 매가 새를 낚아채는 것과 같았다. 녹족왕은 자기 산 속에 도착하자, 수타마왕을 이전부터 하나씩 잡아 두고 목을 잘라 잡아먹으려고 가둬둔 99명의 왕들 속에 나란히 두었다. 수타마왕은 눈물을 비 오듯 쏟았다. 녹족왕은 그 연유를 왕에게 물었다.

"어찌하여 어린애같이 울고 있는가?"

왕은 대답하여 말하였다.

---

3) 부처가 과거세상에서 보살행을 닦을 때의 한 이름. '보명왕(普明王)'은 그 번역. 참고로 "대지도론"에서는 주인공의 이름을 '수타수마왕(須陀須摩王)'이라 하고 있음.

4) 날개가 있어 공중을 날아다니는 악왕(惡王), 반족왕(斑足王)이라고도 함. 왕과 사자 사이에 태어나 발에 반점이 있어 이와 같은 이름을 가짐. 성장하여서는 고기를 좋아하여 병사를 일으켜 99명(또는 999명)의 왕을 사로잡았지만, 수타마왕에게 감화되어 출가, 득도하였다고 전해짐.

"저는 목숨이 아까워서 우는 것이 아닙니다. 약속을 지키지 못한 것이 슬픈 것입니다. 저는 태어나서 지금까지 한번도 거짓말을 하지 않았습니다. 그런데 오늘 성을 나서는데, 한 가난한 사람이 무언가 좀 베풀어줄 것을 청했는데, '되돌아와서 주겠노라'고 하였습니다. 이런 처지가 될 줄은 전혀 예상도 못했습니다. 뜻밖에 목숨을 잃어 거짓말 죄를 지을 줄이야! 이것이 슬퍼서 울고 있습니다."

녹족왕은 말하였다.

"네가 진심으로 그렇게 생각한다면 7일간의 시간을 내어 주도록 하지."

왕은 기뻐하며 자기나라로 되돌아갔다. 먼저 그 바라문을 불러서 보물을 주고, 왕의 자리를 태자에게 물려주어 나라를 다스리게 하였다. 그리고 백성들을 성에 모아 보물을 나누어 베풀고, 자기나라를 떠나가려고 하였다. 그러자, 모든 신하들과 백성들이 한결같이 눈물을 흘리며 간청하였다.

"부디 이 땅에 남아 나라를 다스려 백성들을 편안하게 해주십시오. 성안에 철로 저택을 만들고, 뛰어난 병사들을 모아서 지키도록 하겠습니다. 녹족왕이 비록 하늘에서 온다한들, 무엇이 두렵겠습니까?"

왕이 말씀하시기를,

"아니, 절대로 그렇게 하고 싶지 않다. 약속을 깨고 허망하

제2화 수타마왕　　　　37

게 살아가기보다는 약속을 지키고 빨리 죽는 편을 택하고 싶
다. 진실한 말은 제일 먼저 지켜야 할 계율이다. 진실한 말은
하늘에 올라가는 다리이며, 거짓말을 하는 사람은 지옥에 떨
어진다. 나는 약속을 지켜 목숨을 버린다한들 아무런 후회가
없도다."

　그렇게 말하고 녹족왕이 있는 곳으로 되돌아갔다.

　녹족왕은 저 멀리서 수타마왕이 오는 것을 보고 기뻐서 칭
찬하며 말했다.

　"너는 정말로 거짓말을 하지 않았다. 사람이 아까워하는 것
은 목숨 이상의 것이 없다. 너는 이미 내 곁을 벗어나 되돌아
갔던 사람이다. 그런데 지금 재차 여기에 되돌아왔다. 약속한
바를 어기지 않았다. 정말로 훌륭한 사람이구나."

　라고. 수타마왕은 말하였다.

　"진실한 말을 하는 자를 사람이라 하지요. 거짓말을 하는
자는 사람이라 할 수 없습니다."

　이와 같이 널리 십선(十善)[5]의 도(道)를 찬양하시며 설명하
셨다. 녹족왕은 그것을 듣고,

　"지금 나는 너의 말을 듣고, 마음도 바뀌었고 많은 것을 깨

---

5) 십선(十善)은 살생(殺生)·투도(偸盜)·사음(邪淫)·망어(妄語)·기어
(綺語)·양설(兩舌)·악구(惡口)·탐욕(貪慾)·진애(瞋恚)·우치(愚癡)
의 십악(十惡)을 행하지 않는 것.

달았다. 신심(信心)도 일어났다. 나는 지금 너의 목숨을 용서해 주도록 하겠다. 또한 99명의 왕들도 너를 바서 용서해 주도록 하지. 각각 본국으로 되돌아가도 좋다!"

여러 왕들은 목숨을 보전한 것을 기뻐하며 각자 자기나라로 돌아가 나라를 다스렸다.

목숨을 버려서까지 거짓말을 하지 않는 것, 이것을 지계바라밀의 극치라고 하는 것이다. 옛날의 수타마왕은 지금의 석가여래이시다. 이 이야기는 "대지도론"[6]에 실려 있다. 그림이 붙어있다.

---

6) 이 설화는 "대지도론" 제4권에 보임. 설화 서술은 그것에 의거하였음.

제3화

인욕선인忍辱仙人

보살은 언제 어느 세상에서라도 인욕행(인욕바라밀)[1]을 닦는다. 그리고 마음속에는 늘 이렇게 생각하고 있다.

'만일 인내하는 마음을 배우지 않고서 항상 일이 있을 때마다 화내고 원망한다면 아름답고 부드러운 얼굴모습을 얻을 수 없겠지! 참기 어려운 일을 잘 참아야지! 난폭한 말로 욕을 하거나 매도(罵倒)하더라도 그 소리는 계곡 안에서 들려오는 메아리라 생각하고 지팡이로 맞거나 칼로 베이는 일이 있더라도 이 신체는 물 위에 떠 있는 거품과 같이 덧없는 것이야!'

라고.

옛날 인욕선인(忍辱仙人)[2]이라는 사람이 있었다. 궁궐 가까

---

1) 육바라밀 중 제3번 덕목인 인욕행(忍辱行, 忍辱波羅蜜)은 외부로부터 받는 육체적 정신적 고난이나 박해에 대해 잘 참고 견디며 평정심을 유지하는 수행법(修行法).

2) 부처가 전생에 인욕수행을 닦을 때 불러진 이름. '찬제선인(羼提仙人)' 이라고도 함. 인욕(忍辱)은 범어 끄산띠(Ksanti)를 번역한 말로 찬제(羼

이의 숲 속에 살고 있었다. 그 때, 그 나라에 국왕이 있었는데, 이름을 가리왕(歌利王)3)이라 하였다. 많은 여성들을 거느리고 궁문을 나서 숲 속에서 놀고 있었다. 왕이 휴식을 취해 낮잠을 자고 있을 때, 여성들은 꽃을 보려고 숲 속을 헤치면서 돌아다니고 있었다. 저 멀리 선인이 있는 것을 보고 그 앞에 모여 앉았다. 선인은 그들에게 설법을 하며 이 세상에 집착하지 말고 벗어나도록 가르쳤다. 왕은 잠에서 깨어나 여성들을 불렀지만 보이지 않았다.

"누가 데리고 갔단 말이냐?"

왕은 화가 나서 칼을 빼들고 찾으러 나섰다. 저 멀리 선인 곁에 여성들이 모여 있는 것을 보고 곧바로 다가가서는, 크게 화를 내며 선인에게 물었다.

"너는 뭐하는 사람이냐?"

"저는 선인입니다."

"무엇을 하고 있느냐?"

"인욕 수행을 하고 있었습니다."

왕은 '내가 화내고 있는 모습을 보고 빈정대어 참고 견디는 수행을 하고 있다고 하는 거겠지!' 이렇게 생각하고는 다시 물

提는 그 음은 옮긴 것임.
3) 바라나국(波羅奈國)의 왕, Kari의 음역(音譯). 폭악무도한 왕으로 소문나 있으며, 투쟁왕(鬪諍王), 무도왕(無道王)으로 번역됨.

었다.

"너는 색계·무색계4) 세계를 터득하였느냐?"

"둘 다 얻지 못했습니다."

왕은 점점 더 화를 내며,

"너는 아직 욕계의 세계에서 벗어나지 못하였다. 그런데 어떻게 내가 데리고 온 많은 여자들과 함께 있어도 된단 말인가?"

라고 나무라자,

"저는 단지 인욕을 수행하고 있는 사람입니다."

라고만 대답했다. 왕이 말하길,

"그렇다면 너의 팔을 내밀어 보거라."

선인이 팔을 앞으로 내밀자, 왕은 칼로 그 팔을 잘랐다. 그리고 선인에게 또 물었다.

"너는 누구냐?"

"저는 잘 참는 사람입니다."

그래서 또 한 팔을 내밀게 해 자르고서는,

"참을 수 있느냐?"

---

4) 불교에서는 생사 왕래하는 세계를 욕계(欲界)·색계(色界)·무색계(無色界)의 삼계(三界)로 나눔. 즉, '욕계'는 음욕(淫慾), 식욕 등의 감각적 욕구가 왕성한 세계. '색계'는 감각적 욕구는 없어지고 물질적인 것은 잔존해 있는 세계. 그리고 '무색계'는 물질적인 것이 없어지고 순수한 정신과 지극히 안정된 세계임.

라고 묻자, 선인은,

"참을 수 있습니다."

라고 대답했다. 왕은 계속해서 선인의 두 다리, 두 귀, 그리고 코까지 베고, 자를 때마다 같은 질문을 하였지만 대답은 앞에서와 같았다. 왕은 선인의 신체가 떨어져 여기저기 흩트려져 있는 모습을 보고는 화를 거두었다. 선인이 말하길,

"어찌하여 더 자르지 않으십니까? 비록 이 몸이 다 잘려서 겨자 낱알처럼, 혹은 먼지처럼 되더라도 조금도 화내거나 원망하지 않을 것입니다."

그리고 또 서원(誓願)하여 말하길,

"임금님은 오늘 화난 마음에서 저의 몸을 일곱 개로 갈라 상처를 입혔지만, 저는 나중에 부처가 되면, 일곱 종류의 수행법5)을 모두 닦아, 임금님의 일곱 종류의 번뇌6)를 모두 끊어 드리겠습니다."

라고 맹서하였다.

---

5) 원문의 '칠종 도(七種道)'는 칠각(七覺) 또는 칠각지(七覺支)를 말하는 것으로, 해탈하기 직전에 해탈에 도움이 되는 일곱 가지 수행법. 즉, 염(念, 마음속에 항상 깨달음을 생각하고) · 택법(擇法,, 지혜로 잘 헤아리고) · 정진(精進) · 희(喜, 환희) · 경안(輕安, 심신을 편안하게 하고) · 정(定, 선정) · 사(捨, 평등한 태도를 달성하고).

6) 원문의 칠수면(七隨眠)은 일곱 종류의 번뇌. '수면'은 '번뇌'를 일컬음. 즉, 욕탐(欲貪) · 유탐(有貪, 물질욕) · 진(瞋) · 무명(無明) · 만(慢) · 의(疑, 의혹) · 견(見, 악견).

제3화 인욕선인　　　　　　　　　　43

　자기 몸이 잘려 떨어져 나가도 원망하지 않았기에, 이것을
인욕바라밀의 극치라고 하는 것이다. 옛날의 인욕선인은 지금
의 석가여래이시다. 이 이야기는 "대지도론"[7]에 실려 있다. 그
림이 붙어있다.

---

7) 이 설화는 "대지도론" 제14권에도 보임. 그러나 이 설화는 실제로는
　"아비달마대비바사론"의 제182권("법원주림"제82권에도 인용)에 의거
　하였음.

제4화

대시태자大施太子

보살은 언제 어느 세상에서라도 정진행(정진바라밀)[1]을 닦는다. 그리고 마음속에는 늘 이렇게 생각하고 있다.

'만일 불도수행에 힘쓰지 않고 항상 게을리 한다면 생사유전(生死流轉)의 미계(迷界)를 벗어날 수 없고 깨달음의 길로 나아갈 수 없겠지!'

갖가지 잡념을 떨쳐버리는 것을 멈추어서는 안 된다. 불을 지피는데 숨을 멈춰버리면 불을 피울 수가 없다. 헤엄치는데 손을 움직이지 않으면 물을 헤엄쳐 건널 수가 없다. 만일 열심히 하는 마음을 게을리 하면 자신이 추구하는 것을 얻을 수 없는 것도 바로 이와 같은 이유에서다.

옛날 바라나국(波羅奈國) 왕에게 한 왕자가 있었다. 이름을

---

1) 육바라밀 중 제4번 덕목인 정진행(精進行, 精進波羅蜜)은 낮과 밤 게으름 없이 정성들여 다른 다섯 바라밀 등을 해 나아가는 수행법(修行法).

대시태자(大施太子)[2]라 하였다. 궁궐을 나서 노닐고 있었다. 그 때, 농부가 가래 삽을 가지고 흙을 파자 까마귀들이 몰려들어 벌레를 먹고 있는 것을 목격하였다. 또한 실을 뽑고, 비단을 짜고, 소를 도살하고, 양의 껍질을 벗기고, 새를 잡고, 물고기를 낚는 사람을 보았다. 왕자가 그 연유를 시종에게 물었다.

"옷이나 음식을 얻기 위해서 하는 것입니다."

라고 시종이 아뢰었다.

태자는 너무나 슬퍼서 궁궐로 돌아가 부왕에게 말씀드려, 창고를 열게 하고는 보물을 꺼내어 자주 가난한 사람들에게 나누어 주었다. 대신들은 그런 행동을 못마땅해 하였다. 태자는 왕에게 아뢰었다.

"제가 듣기로는 바다 안에 여의주가 있다고 합니다. 한번 가서 구해보고자 합니다."

왕은 깜짝 놀라 대답했다.

"이 나라는 모두 너의 것이다. 보물이라는 보물은 다 너의 것이다. 그런데 무슨 부족함이 있어 바다에까지 가서 여의주를 구해온단 말이냐? 그리고 바다에는 독을 가진 용과 거대한 물고기, 거친 바람과 높은 파도가 일어, 천만 명이 가더라도 돌아오는 자는 한 두 사람에 불과하다. 허락할 수 없다."

---

[2] 부처가 과거세상에서 태자였을 때의 한 이름. "보은경" "석가여래십지수행기" 등에서는 선우태자(善友太子)라 함.

태자는 왕 앞에 엎드렸다. 그리고는

"이 소원을 들어 주시지 않으시면 이대로 일어서지 않겠습니다. 차라리 여기서 죽어버리겠습니다!"

라고 말하였다. 왕과 왕후는 여러모로 설득해 보았지만, 태자는 아무것도 먹지 않고 7일 동안이나 일어서지 않았다. 왕후는 울면서 말했다.

"태자의 마음을 움직이기는 어렵습니다. 오늘 내 눈앞에서 죽는 것을 보는 것 보다는 차라리 허락하여, 만에 하나라도 돌아오는 것을 믿고 기다려 봅시다."

왕은 그 말을 듣고 마지못해 눈물을 흘리면서 허락해 주었다.

그 나라에 한 노인이 있었다. 바다 길을 누구보다도 잘 알고 있는 사람이었다. 나이는 80살이나 되었고, 양 눈 모두 장님이었다. 왕은 노인에게 가서 부탁을 하였다.

"태자와 동행을 해 주게나?"

노인은 울먹이면서 아뢰었다.

"바다 안을 들어가는 사람은 정말 돌아오기 힘듭니다. 하지만 분부를 그냥 거역하는 것도 도리가 아니고 하니, 제 목숨이 붙어 있을 때까지 동행해 모시겠습니다."

라고 대답하였다. 이렇게 하여 마침내 태자는 배를 정비한 후 승선 길에 올랐다. 500명의 상인들도 함께 가겠다고 따라 나섰다. 일곱 줄의 철제 쇠사슬로 배를 바닷가에 묶어 매었다.[3] 태자는 아침마다 북을 치면서 말했다.

"만일 뒤에 남아 있겠다고 생각하는 자는 여기서 되돌아가는 것이 좋다."

라고 말하고, 하루에 쇠사슬을 한 줄씩 풀었다. 바람을 기다려 돛을 올려 보물이 있는 산에 도착했다. 태자는 배에서 내려 상인들에게 말했다.

"이 보물을 가지고 되돌아가도록 하여라."

그렇게 말하고는 배를 정박시켜 사람들을 그곳에 남겨 두었다. 거기서부터는 노인과 함께 단둘이서 걸어 나아갔다. 7일 간을 가니 물이 무릎까지 차왔고, 또 7일 간을 가니 이번에는 물이 목까지 차왔다. 그리고 또 7일 간을 물에 뜬 채로 나아가니 어느 해변 가에 도착했다. 노인이 말했다.

"은(銀) 모래사장에 도착했습니다. 자, 보십시오. 동남방 쪽에 은으로 만들어진 산이 보입니다. 보이시죠?"

"그곳을 향해 가십시오."

라고 말하였다.

그곳에 도착하여 또 한참을 가니 이번에는 금(金) 모래사장이 나왔다. 노인은 지치고 약해져서 드러누운 채 말을 하였다.

"저는 여기서 죽게 될 것 같습니다. 여기서부터 동남방 쪽

---

3) 이 부분은 "현우경"(제8권)에서 볼 수 있음.

으로 7일간을 가면, 푸른 연꽃이 핀 곳이 있습니다. 그리고 또 7일간을 가면, 주홍색 연꽃이 핀 곳이 있습니다. 그곳을 통과하여 계속 가시면 용왕이 사는 용궁에 도착하실 겁니다."

노인은 태자에게 이렇게 길을 가르쳐 주고 그곳에서 죽고 말았다.

태자는 슬픔에 잠겨 울먹이면서 노인이 가르쳐준 대로 혼자 걸어 나아갔다. 연꽃이 피어 있는 곳을 보니, 푸른 독뱀이 연꽃 줄기를 휘감고 있었다. 눈을 이글거리며 태자를 주시하고 있었지만, 태자에게 해를 가하려고는 하지 않았다. 용왕이 사는 왕궁에 도착하자 이번에는 독을 가진 용이 성곽 수로를 지키고, 아리따운 여자들이 문을 지키고 있었다. 태자가 찾아온 뜻을 전하게 하자, 그것을 들은 용왕은 놀라고 믿을 수 없다는 표정을 지었다.

"보통 사람이라면 여기에 도저히 올 수 없었을 것이다!"

이렇게 중얼거리며 직접 나와 태자를 영접하면서 태자를 구슬을 깔아놓은 상좌(上座)에 앉혔다. 그리고 물었다.

"무엇을 구하기 위해 이렇게 먼 길을 오셨습니까?"

태자는 대답하였다.

"인간계 사람들은 가난으로 인하여 많은 괴로움을 겪고 있습니다. 그래서 왕의 귀 안에 있는 구슬을 청하고자 온 것입니다."

제4화 대시태자　　　　　　　　　49

용왕은 말하였다.

"7일 동안 여기에 머물러 제 공양을 받으십시오. 그 후에 드리겠습니다."

태자는 약속대로 7일을 보내고 구슬을 얻었다. 용신(龍神)은 허공으로부터 태자를 되돌려 보내주었고, 태자는 자기나라 해변 가에 무사히 도착했다.

한편4), 용궁에서는 많은 용들이 모여 이 사실을 개탄하고 있었다. 논의 결과,

"구슬은 바다 안의 귀중한 보배, 몸을 치장하는 소중한 물품입니다. 되찾아 와야 합니다."

라고 결론을 내렸다. 용신이 보통사람으로 모습을 바꾸어 태자 앞에 와서 말하였다.

"듣자니, 당신은 세상에서 보기 힘든 구슬을 얻었다고 하더군요. 저에게 한번 보여 주십시오."

태자가 구슬을 꺼내 보여주는데, 순식간에 빼앗아 바다로 들어가 버렸다.

태자는 후회와 한탄 속에 맹세하며 말하였다.

"만일 당신이 구슬을 되돌려 주진 않는다면, 이 바다 물을 몽땅 퍼내버리겠어요."

---

4) 여기 이전까지의 서술은 "보은경"에 의거하였고, 여기부터의 서술은 "육도집경"을 섭취하여 이야기를 전개시키고 있음.

그러자 용신이 모습을 드러내 말하였다.

"그대는 정말 어리석은 자로다. 하늘의 태양은 떨어뜨릴 수도 있을지 모르지. 빠른 바람도 멈추게 할 수 있을지 모르지. 하지만 이 바닷물을 퍼서 도대체 어디에 옮겨놓겠다는 말인가?"

태자는 대답하였다.

"끊기 힘든 '은혜와 사랑으로 맺은 인연'조차 나는 끊으려고 마음먹었다. 또한 생사의 윤회를 마감하는 하기 힘든 것조차 나는 하려고 이미 마음먹었다. 하물며 바닷물은 많다고는 하나, 한도가 있다. 만일 이 현세에서 다 퍼내지 못한다면, 대대에 걸쳐서라도 반드시 몽땅 퍼내 보여주겠다."

그렇게 맹서하고 바닷물을 퍼내려고 조개껍질을 손에 들었다. 이를 지켜본 천상의 천인(天人)들도 태자의 진심에 감동을 받았고, 그를 불쌍히 여겨 모두들 내려와서 함께 퍼내었다. 바닷물을 멀리 철위산(鐵圍山)5) 밖으로 버리고, 천인의 옷소매 안으로도 감싸 넣었다. 태자가 한 번, 두 번 푸니, 바닷물은 10분의 8이 사라졌다. 용왕이 당황해서 허둥대며 나왔다.

"저희들의 거처가 허무하게 사라질 것 같습니다."

라고 사죄를 하면서 구슬을 되돌려 주었다. 태자는 궁에 되

---

5) 수미산(須彌山)의 제일 바깥쪽에 있는 산맥.

제4화 대시태자 51

돌아가서 보름날 아침에 향을 피우고, 깃발을 내걸고, 구슬을 장식용 창 위에 두고, 향로를 잡고 구슬을 배례(拜禮)하며 말하였다.

"나는 중생들을 위하여 고생을 무릅쓰고 구슬을 손에 넣었다. 원컨대 많은 보물들을 뿌려 모든 사람들의 소원을 충족시켜 주십시오."

그러자, 부드러운 바람이 불어 하늘의 구름을 없애고, 가랑비를 뿌려 흙먼지를 가라앉혔다. 골고루 모든 곳에 많은 보물들이 뿌려져 무릎 높이까지 싸였다. 인간세계에는 어디든지 보물이 뿌려지지 않은 곳이 없었다.

고생을 참고 견디며, 마음을 북돋아 맹서를 하고 바닷물을 퍼냈기에, 이것을 정진바라밀의 극치라고 하는 것이다. 옛날의 대시태자는 지금의 석가여래이시다. 이 이야기는 "육도집경"6) "보은경"7)에 실려 있다. 그림이 붙어있다.

---

6) 오(吳)나라 강승회(康僧會)가 한역한 불교설화집. 이 설화는 제1권에 보임.

7) "대방편불보은경"의 약칭. 전 7권. 위경(僞經)으로 추정되고 있음. 이 설화는 제4권에 보임. "삼보에"의 이 설화는 대부분 "보은경"에 의거 하였으나, "육도집경"과 "현우경"도 이용하였음.

제5화

상자리선인正闍梨仙人

보살은 언제 어느 세상에서라도 선정행(선정바라밀)[1]을 닦는다. 그리고 마음속에는 늘 이렇게 생각하고 있다.

'마음이라는 것은 술에 취한 코끼리와 같다. 번뇌에 집착하여 시시각각 움직여 묶어두기 어렵다. 마음은 또한 이리저리 놀면서 돌아다니는 원숭이와 같은 것이다. 아무리 잡아두어도 머무를 줄을 모른다. 만일 생각을 가라앉히지 않는다면 항상 마음은 항상 흐트러져 버릴 것이다. 어떻게 번뇌에 사로잡힌 마음을 가라앉히고 잡념을 버리는 관념(觀念) 수행을 완성할 수 있단 말인가?'

조용한 곳에서 생각을 다스리고 마음을 안정시켜, 마음을 뒤숭숭하지 않게 만들어야 한다. 선정(禪定)과 지혜(智慧)가

---

1) 육바라밀 중 제3번 덕목인 선정행(禪定行, 禪定波羅蜜)은 조용히 명상하고 마음을 집중해서 진리를 관찰하는 수행법(修行法).

제5화 상자리선인   53

서로 도와 진실한 깨달음에 도달한다. 새에 두개의 날개가 있
고, 차에 두개의 바퀴가 있는 것과 같은 이치이다. 비록 지혜
가 있더라도 선정이 없다면 마음의 진정이 되지 않고, 그 깨달
음 또한 빛을 발하기 어렵다. 예를 들면 그것은, 바람에 깜박
이는 등불과 같고, 파도가 어지럽게 치는 물과 같은 것이다.
만일 지혜가 비추는 깨달음에, 선정의 평온한 마음을 더한다
면, 등불의 빛은 부는 바람을 잠재워 비추기가 평온해지고, 연
못의 물은 이는 파도를 없애어, 비추는 그림자 또한 선명한
것과 같은 이치이다. 마음을 한 곳으로 모아 집중하면 이룰 수
없는 일이 없다. 이와 같이 공덕이 월등하고 영묘한 것은 선정
보다 뛰어난 것이 없다.

　　옛날에 한 선인이 있었다. 상자리선인((商子闍梨仙人)[2]이라
하였다. 혼자 조용한 방에 좌정하고 선정(禪定)에 들어가 오랜
나날 눈을 감고 정신을 가라앉혀, 앉은 채로 일어서지 않았다.
새는 항상 이 모습을 보고 있었는데, 선인은 나무 그루터기처
럼 움직이지 않았기에 그의 상투머리 속에 집을 짓고 알을 낳
았다. 선인은 선정을 마치고서야 자기 머리 위에 새집이 있는
것을 알아차렸다.

　　"움직이면 새알이 떨어져 깨질 수 있어! 어미 새는 또한 놀

──────────────
2) 부처가 과거세상에서 선인이었을 때의 한 이름. "대지도론" 제4권에
　 는 그 이름을 '商闍梨'라 함.

라 오지 않을 거야!"

이렇게 생각한 선인은 그 점을 매우 걱정하여 곧바로 또다시 선정에 들어갔다. 새끼들이 성장하여 나는 것을 보고, 선인은 그때서야 선정을 끝마치셨다.

이와 같이 마음을 조용히 하고 움직이지 않는 것을 선정바라밀의 극치라고 하는 것이다. 옛날의 상자리선인은 지금의 석가여래이시다. 이 이야기는 "대지도론"3)에 실려 있다. 그림이 붙어있다.

---

3) 후진(後秦)의 구마라십(鳩摩羅什)이 한역한 "대품반야경"의 주석서. 이 설화는 제17권에 보임. 설화 서술은 그것에 의거하였음.

제6화
구빈대신拘賓大臣

보살은 언제 어느 세상에서라도 지혜행(반야바라밀)[1]을 닦는다. 그리고 마음속에는 늘 이렇게 생각하고 있다.

'만일 진리를 밝히려는 마음이 없으면, 항상 어리석고 진리에 어둡게 되겠지! 또한 바르지 못한 견해의 늪에 빠져 보리[2]의 올바른 길을 헤매게 될 것이야.'

라고. 그래서 '숭고한 길'을 묻고 깊은 깨달음을 배우는 것이다. 앞에서 든 다섯 가지 바라밀은 눈이 먼 사람이 길을 모르고 있는 것과 같다. 여기 여섯 번째 반야바라밀은 눈이 잘 보이는 사람이 길을 지시하는 것과 같다. 앞의 다섯 바라밀은 손과 발이 몸을 돕고 있는 것과 같고, 여섯 번째 바라밀은 머

---

1) '반야'는 지혜라는 뜻. 육바라밀 중 마지막 최상위의 덕목인 지혜행(智慧行, 般若波羅蜜)은 진리를 끝까지 밝혀내 깨달음을 완성시키는 직관적이고 종합적인 지혜를 완성하는 수행법(修行法). 다른 다섯 가지 바라밀을 통괄함.
2) 심원한 깨달음의 경지.

리가 목숨을 유지시키고 있는 것과 같다. 이와 같이 반야라는 눈에 의해 열반의 길로 향하는 것이 가능해진다. 반야라는 머리에 의해 절대적인 진리인 법신(法身)[3]의 명맥을 유지할 수가 있는 것이다. 누구라도 자기 마음속에 있는 미혹에서 벗어난다면, 자연스레 부처의 단계가 펼쳐져 나온다는 사실을 바로 알 수 있을 것이다. 그것은 나무 새싹이 싹터 나오는 것을 보고 봄이 왔다는 사실을 기뻐하고, 해변 가의 잔모래가 고른 것을 보고 파도가 잔잔하다는 사실을 알 수 있는 것과 마찬가지로, 보살도 이와 같은 것이다.

반야라는 깊은 깨달음을 보았다면, 보리라는 깨달음이 점점 가까워졌다는 사실을 알 수 가 있는 것이다.

옛날 한 대신(大臣)이 있었다. 구빈대신(拘賓大臣)[4]이라 하였다. 총명하고 진리에 대한 이해를 깊이 터득하고 있었다.

어느 날 인도 제국(諸國)에 다툼이 있었을 때에, 그 나라 땅을 일곱 개로 똑같이 나누었다. 큰 나라도 작은 나라도, 멀리 있는 마을도 가까이 있는 마을도, 뿐만 아니라, 셀 수 없을 만큼의 많은 백성들에 대해서도 거짓말 같이 낱낱이 그 실태를

---

3) '법신'은 '진리(법)의 신체'의 의미로, 삼신(三身) 즉, 응신(應身), 보신(報身), 법신(法身)의 하나. '법신불'은 영원불변의 진리 신체의 부처.

4) 부처가 과거세상에서 대신이었을 때의 한 이름. 반야바라밀을 성취한, 현명하기로 소문난 대신. 저본의 "대지도론"에는 '구빈다바라문대신(呴嬪陀婆羅門大臣)'으로 하고 있음.

파악하고 있었기에, 아무런 문제없이 제국을 칠 등분하여 다툼을 진정시킬 수 있었다.

이와 같이 터득하기 힘든 진리를 명확히 터득한 것을 반야바라밀의 극치라고 하는 것이다. 옛날의 구빈대신은 지금의 석가여래이시다. 이 이야기는 "대지도론"[5]에 실려 있다. 그림이 붙어있다.

---

5) 후진(後秦)의 구마라십(鳩摩羅什)이 한역한 "대품반야경"의 주석서. 이 설화는 제4권에 보임. 설화 서술은 그것에 의거하였음.

 中国古代兵法译注

제7화
유수장자流水長者

옛날 한 장자(長者)[1]가 있었다. 이름을 유수(流水)[2]라 하였
다. 두 아들과 함께 놀고 있을 때, 모든 새들과 짐승들이 한
방향으로 날아가고 달리는 것을 보았다. 이상히 여겨 그 방향
으로 찾아가 보니, 큰 연못이 하나 있었다. 야생(夜生)의 연못
이라는 곳이었다. 연못의 물은 다 말라 가고 있었다. 그곳에는
많은 물고기들이 있었다. 유수가 이를 보고 슬퍼하자, 수신(樹
神)[3]이 나타나 말하였다,

"너의 이름을 '유수'라고 하지? '유수'라면 물을 흐르게 하여
물고기들을 구해 주시게."

---

1) 부호, 부자.
2) 부처가 과거세상에서 장자(長者)였을 때의 한 이름. 다만, 저본의 "금
   강명최승왕경"에는 유수(流水)를 지수(持水)장자의 아들로 하고, 유수
   (流水)의 두 아들 이름을 수만(水滿)과 수장(水藏)으로 하고 있음.
3) 올바르게는 '보리수신 선녀천(菩提樹神善女天)'. 보리수 수호의 천녀
   (天女). "금강명최승왕경"에는 부처가 이 수신(樹神)에게 유수(流水)의
   옛날 인연을 설(說)한 것으로 되어 있음.

제7화 유수장자   61

'유수'는 놀라서 물었다.

"물고기 수는 얼마나 됩니까?"

수신이 대답하길,

"만 마리는 족히 되겠지!"

라고 하였다. 연못은 더운 땡볕에 쬐이어 물고기들은 금방이라도 죽을 것 같았다. '유수'는 백방으로 달려 찾아보았지만, 물은 없었다. 큰 나무에 올라가 잎이 무성한 가지를 꺾어 내려와 연못 가운데 꽂아 두고 시원한 그늘을 만들어 주었다. 그리고는 여기저기 물이 새어나간 곳을 찾아 돌아다녔다. 멀리 떨어진 곳에 큰 하천이 있었다. 이것은 물고기를 잡는 사람들이 둑을 무너뜨려 물을 딴 곳으로 흘러 보낸 것이었다. 금방 보수하기에는 어려운 상황이었다. '유수'는 왕에게 달려가 자초지정을 설명하고는,

"부디 큰 코끼리 스무 마리를 저에게 빌려 주십시오. 물을 운반하여 물고기들을 살리고 싶습니다!"

라고 아뢰었다. 왕은 즉시에 코끼리를 내주었다. '유수'는 두 아들과 함께 술집을 찾아다니면서 술을 담는 껍질보자기를 빌려 모았다. 하천에 가서 보자기에 물을 담아 코끼리에 실어서는 연못으로 옮겼다. 그러자, 연못물은 금세 원래처럼 가득 찼다. '유수'가 연못 둑을 돌아다니자, 고기들도 그를 따라다니면서 연못가를 맴돌아 헤엄쳐 다녔다. 이상하게 여긴 '유수'

는,

"이 물고기들은 굶주린 탓에 나를 따라와 먹이를 청하고 있는 것이구나."

이렇게 생각하고는 두 아들에게 말하였다.

"한 사람은 코끼리를 데리고 어서 집에 가서, 부모를 비롯해 하인이 먹을 분까지 먹을 것이라고는 모조리 모아 가지고 오너라."

보낸 아들은 곧바로 먹을 것을 가지고 되돌아왔다. '유수'는 그것을 연못 전체에 골고루 뿌렸고, 이에 모든 물고기들이 배불리 먹었다. 그리고 또 생각하길,

'먹을 것을 주어 물고기의 굶주림은 이미 구했다. 이번에는 물고기들의 다음 생(生)을 위하여 심오한 불법을 설하여 인도해 주자.'

이렇게 생각한 '유수'는 연못 안에 내려서서 물고기들을 위해 불법을 설하였다. 옛날 한 스님으로부터 들은 십이인연(十二因緣)4)의 깊은 진리를 설하고, 그 다음에 경전 속에 설해 있는 보계여래(寶髻如來)의 이름을 외었다. '유수'는 그렇게 한다음 집으로 되돌아갔다.

후일, 만 마리의 물고기들은 같은 시기에 함께 죽었다. 그리

---

4) 인간 고뇌의 근원을 추구해, 이들 고뇌를 멸하기 위한 애(愛), 무명(無明) 등의 12가지 조건을 계열화한 것.

고 그들은 모두 삼십삼천(三十三天)5)의 천상에 다시 태어났다. 그들은 서로 함께 이런 이야기를 나눴다.

"우리들은 전생에 물고기의 몸으로 태어났었습니다. '유수'가 물을 베풀어주고, 음식을 주고, 불법을 설하고, 부처의 이름을 외어 준 공덕에 의해, 오늘날 이 천상에 태어난 것입니다. 우리들 모두 함께 가서 그 은혜를 보답합시다."

그 때, '유수'는 밤이었기에 높은 누각 위에서 자고 있었다. 만 명의 천인들이 와서 '유수'가 누운 네 방향 곁에 각각 만개의 영락(瓔珞)6)을 두었다. 합치면 4만개나 되었다. 또한 천인들은 천상의 꽃들을 뿌렸는데, 꽃들이 쌓여서 무릎 높이까지 이를 정도였다. 그리고 또 천상의 음악을 합창하였다. 자고 있던 사람 모두 그 소리에 잠에서 깨어났다. '유수'도 잠에서 깨어나 황송해 어쩔 줄 몰라 하고 있었다. 천인들은 마침내 공양을 끝내고 떠났다. 그 때 허공에는 빛이 가득하였고, 나라 방방곳곳에 꽃들이 뿌려졌다. 천인들은 또한 옛날 살았던 연못에 가서 많은 꽃들을 뿌리고 천상으로 되돌아갔다.

다음날 아침, 국왕은 이상하게 여기시어 '유수'를 불러 물으셨다. 그리고 사자(使者)를 보내어 연못을 확인해보게 하였다.

---

5) 도리천. 욕계(欲界) 제2천(天)으로, 수미산 정상에 있음.
6) 금, 은, 구슬, 진주 등을 끈으로 묶어 만든 장신구로 목이나 가슴 등에 달았음.

그리하여 '어젯밤의 일은 연못에 살던 물고기들이 천상에 태
어나 그 은혜에 보답한 것이었다'는 사실을 확실히 알게 되었
다. 나라 안의 모든 백성들이 그 덕을 찬양하였다.

옛날의 '유수'는 지금의 석가여래이시다. 이 이야기는 "최승
왕경"7)에 실려 있다.

---

7) 당(唐)나라 의정(義淨)이 한역한 "금광명최승왕경"의 약칭. 전 10권. 호
   국경전으로 유명함. 이 설화는 제9권에 보임. 설화 서술은 그것에 의
   거하였음.

제8화

견서사자堅誓獅子

옛날 바라나국(波羅奈國)에 산이 하나 있었다. 선성산(仙聖山)이라 하였다. 그곳에는 500명의 연각(緣覺)[1]이 살고 있었다. 그 산에 또한 한 마리의 사자가 살고 있었다. 이름을 견서사자(堅誓獅子)[2]라 하였다. 털가죽은 금색으로, 힘은 천 마리의 사자를 합친 것과 같을 정도였다. 소리를 내어 울부짖을 때면, 나는 새가 놀라 떨어지고, 달리는 짐승들 모두 숨어 엎드렸다. 이 사자는 연각의 성인이 나무 아래에 있는 것을 보고 매일 와서는 그 성인과 친하게 지내며, 항상 독경이나 설법을 듣고 있었다. 한 사냥꾼이 와서 그 광경을 목격하고 생각했다.

'저 사자의 털가죽을 벗겨 왕에게 바치면, 틀림없이 관직도

---

1) 스승 없이 스스로 깨우친 사람을 말하는 것으로, 오로지 자기의 깨달음에만 관심이 있고 대승적인 중생 구제에는 관심이 없음. 독각(獨覺)이라고도 번역되며, 벽지불(辟支佛)은 그 음역(音譯)에 해당.
2) 부처가 과거세상에서 동물(사자)이었을 때의 한 이름.

하사받고 재물도 듬뿍 받을 수 있겠지! 다만 사자는 동물의 왕
이다. 활을 가지고 쏠 수도 없고, 그물로도 잡을 수 없다. 뭔가
특별한 수단을 강구할 수밖에 없어. 저 사자는 스님에게는 다
가가 친하게 지내고 있다. 나도 머리를 깎은 뒤 승복(僧服)을
입고 그 안에 활을 숨긴 다음 나무 아래에 앉아 있기로 하자.
그러면 필시 스스럼없이 다가와 친하게 지낼 테니까, 그 때 몰
래 활로 쏴 죽이면 되겠지.'

그렇게 생각하고는 집으로 돌아가 마누라에게 이야기를
했다.

"나는 황금 색깔을 가진 짐승이 있다고는 지금까지 아직 들
어본 적이 없다. 그런데 오늘 그것을 봤어. 만일 잘되어 그 사
자를 잡아 껍질을 벗겨서 왕에게 바친다면, 많은 보상금을 받
아 우리 집은 자손만대 부자가 될 것이야!"

이렇게 말하고는 곧바로 수염과 머리를 깎고, 검은 승복을
입고서 그 산에 들어가 나무 아래에 앉아 있었다. 사자는 어떤
스님이 앉아 있는 것을 보고는 기쁜 나머지 달려 와 스님의
발을 핥았다. 그 때 그는 승복에 감춰두었던 활을 꺼내 독화살
을 사자에게 쏘았다.

사자는 이빨을 드러내고 으르렁거리며 이 남자를 물어뜯어
죽이려 했지만, 금방 생각을 고쳐먹었다.

"내가 이 남자를 물어뜯어 죽이는 것은 쉬운 일이지만, 이

자는 스님의 모습을 하고, 승복을 입고 있다. 만일 스님의 몸을 해친다면 결국 그것은 부처님의 몸을 해치는 것이 된다."

이렇게 생각하고는 숨을 들어 마시고 아픔을 참는데, 아프고 괴로운 것은 이루 말할 수가 없었다. 더 한층 이빨을 드러내고 '차라리 물어뜯어 버릴까?'라고 생각을 하였지만 또 다시 꾹 참고 그만 두었다.

"이 사람이 비록 사악한 마음을 갖고는 있지만, 겉모습은 스님의 모습을 하고 있다. 만일 오늘 이 사람을 죽인다면, 부처님이 그토록 강조하시는 규율을 어기는 것이 되어 버릴 것이다. 인내하는 자는 사람들에게 존경을 받고, 인내하지 못하는 사람은 사람들로부터 미움을 받는다. 그리고 마침내는 번뇌를 일으켜 오랫동안 생사의 늪에서 헤어나지 못하고 나쁜 곳에 태어나게 된다. 또한, 좋은 친구들로부터 떨어져 부처님의 올바른 법을 듣지 못하고, 깨달음에 이르는 길도 점점 멀어져버릴 것이다. 그래서 나는 절대로 나쁜 마음을 먹어서는 안 된다."

사자는 이렇게 마음속으로 다짐을 하고, 게송(偈頌)을 읊으며 말했다.

"부디 목숨을 잃을지언정, 나쁜 마음을 일으켜 법의(法衣)를 입은 사람에게 맞서지 않도록! 부디 목숨을 잃을지언정, 나쁜 마음을 일으켜 출가한 사람에게 맞서지 않도록!"

이 말을 마치자마자 사자는 죽었다. 그 때, 대지는 육종(六種)³)으로 진동하고 새와 짐승들은 놀라 마구 달아났다. 구름한 점 없는 하늘에서 피가 비 오듯 쏟아지고, 하늘에 밝은 해가떠 있지만 그 빛을 잃어 온 사방이 흐렸다. 사냥꾼은 승복을벗어던지고, 칼로 사자의 털가죽을 벗겨서는 등에 매고, 기뻐하며 집으로 돌아갔다. 그 다음 곧바로 국왕에게 가서 사자의금색 털가죽을 바쳤다. 왕은 매우 신기하게 여기시고 기뻐하며 물으셨다.

"어떻게 이 털가죽을 손에 넣을 수 있었느냐?"

사냥꾼은 지금까지의 위장하고 속인 일들을 소상히 설명 드렸다. 그 이야기를 들은 왕은 깜짝 놀라시며 눈물을 하염없이흘리셨다.

"내 일찍이 어느 지식이 많은 스님으로부터 이런 말을 들은적이 있었지. 만일 짐승의 몸을 하고 있지만 금색 털을 가진것은 보살이 틀림없다고! 이 자는 지금 나쁜 속임수를 써서 보살을 죽이고 만 것이야! 내가 만일 이 사냥꾼에게 관직과 재물을 준다면, 나도 그와 똑같은 마음씨를 가진 자가 되어버릴 것이다."

왕은 이렇게 말씀하시고 곧바로 그 사냥꾼을 잡아 사형에

---

3) 대지가 상하, 사방의 육종으로 진동하는 것.

제8화 견서사자   69

처했다. 그리고 그 금색 털가죽을 가지고 산속으로 행차를 하
셨다. 사자가 죽은 장소를 찾아가 전단(栴檀) 향나무를 모아
사체와 털가죽을 화장케 하고 뼈를 모아 공양을 하였다.

옛날의 '견서사자'는 지금의 석가여래이시다. 옛날의 임금
은 지금의 미륵보살4)이시다. 이 이야기는 "보은경"5)에 실려
있다.

---

4) 미륵보살은 보살로서의 수행이 이미 성만해, 이제 한번만 더 생(生)을
   살면 부처가 되는 일생보처(一生補處)의 지위를 가진 보살임. 석가모
   니 부처 그 다음을 이어서, 56억 7천만년 뒤에 이 세상에 나타나게 되
   어 있는 미래 부처임.
5) "대방편불보은경"의 약칭. 이 설화는 제7권에 보임. 설화서술은 그것
   에 의거하였음.

제9화

사슴 왕鹿王

옛날 넓은 들판에 숲이 하나 있었다. 그 숲에는 두 마리의 사슴 왕이 살고 있었는데, 각각 많은 사슴들을 거느리고 있었다. 어느 날, 그 나라 국왕이 나와 사냥을 하니, 사슴들이 모두 놀라 도망쳐 다녔다. 어떤 사슴은 구렁텅이에 빠지기도 하고, 또 어떤 사슴은 바위에 부딪쳐 상처를 입어 죽기도 하였다.

그것을 본 한 무리의 사슴 왕[1]이 슬픔에 못 이겨 스스로 임금님에게 나아갔다. 그 사슴왕은 키가 크고 몸집이 장대하며 뿔은 오색 빛을 띠고 있었다. 그곳에 있던 사람들은 모두 놀라고 신기한 일이라 여겼다.

오색 사슴 왕은 무릎을 꿇고 국왕에게 이렇게 말씀드렸다.

"임금님이 직접 하시는 사냥으로, 아니면 임금님의 부하들이 하는 사냥으로 인해, 저희 무리들은 목숨을 많이 잃어가고

---

1) 부처가 과거세상에서 동물(사슴 왕)이었을 때의 한 이름.

제9화 사슴 왕   71

있습니다. 어떤 때는 어미와 자식이 생이별하게 되기도 하고, 정말 슬픈 일이 아닐 수 없습니다. 설령 이 많은 사슴들을 한 번에 다 죽인다한들, 이 더운 날씨에 금방 썩어서 매일매일 드시기는 어려울 것입니다. 임금님의 대궐 주방에 사용되는 사슴의 수를 파악하여 앞으로 매일 필요한 수만큼 바치겠습니다. 임금님은 항상 신선한 고기를 드시고 저희들 또한 잠시나마 목숨을 연장하고자 하는 것입니다."

이 말을 들은 국왕은 정말 기이한 일이라 생각하시고 이렇게 대답하였습니다.

"매일매일 필요한 양은 하루에 한 마리에 불과하다. 정말 몰랐도다. 너희 사슴 무리 중에서 그 많은 수의 사슴들이 죽어 나갈 줄이야! 지금 네가 말하는 것은 이치에 맞는 말이다. 너의 말에 따르도록 하겠다."

이렇게 사슴 왕을 칭찬한 국왕은 그날은 사냥을 하지 않고 되돌아갔다.

그날 이후 두 무리의 사슴 왕[2]은 교대로 한 마리씩 사슴을 국왕에게 바쳤다. 순번이 되어 궁궐로 가야만하는 사슴을 향해 오색 사슴왕은 눈물을 흘리면서 타이르고, 다음과 같은 말

---

[2] 불전불서에는 "육도집경"(제3권)과 같이 한 무리의 사슴 왕을 전개하는 것과, "대지도론"(제16권) "대당서역기"(제7권)처럼 두 무리의 사슴 왕을 전개하는 것이 있음.

로 위로해 주었다.

"목숨이 있는 것은 모두 죽게 되어 있다. 아무도 그것을 면할 수가 없다. 길을 가면서 부처님을 염불하고, 사람들을 원망하는 마음을 갖지 않도록 하여라."

어느 날, 다른 한 무리의 사슴 중에 뱃속에 새끼를 가진 사슴이 그 다음 순번에 뽑히고 말았다, 임신한 사슴은 자기 사슴 왕에게 말했다.

"새끼를 낳을 때까지 이제 얼마 남지 않았습니다. 제발 다른 사슴과 순번을 바꾸어 훗날로 미루어 주십시오. 앞으로 태어날 새끼도 나중에 성장하면 순번에 추가할 수 있어 소용이 있겠지요."

이렇게 간절히 탄원하였지만, 그 무리의 사슴 왕은 오히려 화를 내었다.

"무슨 핑계거리도 안 되는 것을 가지고 자기 멋대로 하려고 하는가? 순번은 절대 바꿀 수가 없다!"

이렇게 꾸짖자, 임신한 사슴은 어찌할 바를 몰라 서성대다가, 이번에는 또 다른 무리인 오색 사슴 왕을 찾아가 탄원하였다.

이야기를 들은 오색 사슴왕은 크게 슬퍼하며 말하였다.

"정말 슬프고 가엾도다! 아직 태어나지도 않은 새끼를 걱정하는 어미의 모정이!"[3]

그리고는 그 다음 차례인 내일 자기편 순번인 사슴을 불러,

제9화 사슴 왕

"네가 대신해서 오늘 가도록 하여라."

라고 하자, 그 사슴 또한 한탄하며 말했다,

"어느 누가 잠깐 동안의 목숨이나마 아끼지 않겠습니까? 내일 가는 것은 이미 정해진 순번이니까 피할 수 없는 일입니다. 하지만 오늘밤을 남겨놓은 채 오늘 죽으러 가는 것은 아무리 생각해도 슬픈 일입니다."

그 말은 들은 오색 사슴왕은,

"들어보니 그 또한 당연한 말이구나. 내가 임신한 사슴을 대신하여 목숨을 버리도록 하리라."

이렇게 말하고는 그 길로 궁궐로 향했다.

국왕은 오색 사슴 왕이 직접 온 것을 보고 깜짝 놀라시며 물으셨다.

"무슨 연유로 오늘은 사슴 왕이 직접 오신 것인가? 벌써 숲 속에 있는 그 많은 사슴들이 다 없어졌단 말인가?"[4]

"다른 한편의 사슴 무리 중에 아기를 가진 사슴이 있었는데, 오늘 순번은 바로 그 사슴이었습니다. 그런데, 뱃속에 있는 새끼를 아직 낳지 못하였다고 한탄하였습니다. 그 말을 듣고 차마 보낼 수 없어, 오늘은 제가 대신하여 목숨을 버리고자 이렇게 온 것입니다."

---

3) 이 대목은 "대당서역기"에 보이는 부분임.

4) 이 대목은 "대지도론"에 보이는 부분임.

이렇게 사슴 왕이 대답하자, 국왕은 크게 슬퍼하시고 눈물을 흘리셨다.

"나는 그동안 수많은 생명을 죽여 내 일신의 몸을 보양하고자 하였구나. 하지만 너는 지금 자기 목숨을 버려 다른 목숨을 구하고자 하였구나. 정말 슬픈 일이도다!"

이렇게 말씀하시고는 다음과 같은 게송(偈頌)5)을 읊으시며 맹세하셨다.

"나는 정말 짐승이도다. 말하자면 사람의 모습을 한 사슴이라 할 것이다. 너는 사슴의 몸을 가진, 말하자면 사슴의 모습을 한 사람이라 할 것이다. 참된 마음을 가진 자를 사람이라할 것이다. 나는 오늘 이후 사슴고기를 절대로 먹지 않겠다."

그리고는 나라 안에,

"사냥하는 자는 그 죄를 엄히 다스릴 것이다."

라고 칙령을 내려 사슴사냥을 금지시켰다. 또한 그 들녘을 사슴들의 정원으로 삼았다. 녹야원(綠野園)이라는 이름은 바로 그로 인해 시작된 것이다.6) 또한 부처님이 성도(成道)하신후 그곳에 가서 처음으로 설법을 하신 곳이기도 하다.

---

5) 아래의 게송은 "대지도론"에 보이는 부분임.
6) 이 대목은 "대당서역기"에 보이는 부분임.

제9화 사슴 왕   75

옛날의 오색 '사슴 왕'은 지금의 석가여래이시다. 이 이야기는 "육도집경"[7])에 실려 있다.

---

7) 오(吳)나라 강승회(康僧會)가 한역한 불교설화집. 이 설화는 제3권에 보임. 설화서술은 대부분 그것에 의거하였으나, "대당서역기"(제7권)와 "대지도론"(제16권)도 이용하였음.

제10화

설산동자雪山童子

옛날 한 사람이 설산(雪山)[1]에 살고 있었다. 이름을 설산동자(雪山童子)[2]라 하였다. 약초와 나무열매를 먹으면서 마음을 차분히 하여 불도(佛道)를 닦고 있었다. 제석천(帝釋天)[3]이 그 모습을 보고 생각하였다. '물고기의 알은 많지만, 물고기가 되는 것은 적다. 암라수(菴羅樹)[4]의 꽃은 많이 피지만 열매는 맺는 것은 드물다. 사람도 또한 이와 같다. 불도 수행의 마음을 일으키는 자는 많지만, 실제로 부처가 되는 이는 드물다. 모든 깨달음을 구하는 마음은, 비록 정토(淨土)에 살고 있어도 흔들리기 쉽고, 그 괴로움에 못 이겨 달아나기 쉬운 것은, 마치 물속에 비치는 달그림자가 파도에 따라 움직이는 것처럼 동요되

---

1) 지금의 히말라야산맥.
2) 부처가 과거세상에서 동자이었을 때의 한 이름.
3) 불법 수호신. 욕계(欲界) 제2천인 도리천(忉)의 주인.
4) 망고나무.

기 쉬운 것이며, 갑옷을 입은 무사가 실전에 직면하자 두려워 달아나는 것과 같은 것이다. 이 설산동자의 구도심(求道心)도 한번 내려가서 실제로 시험해보도록 하자'라고 생각하였다.

한편, 그 시기는 아직 부처님이 이 세상에 나오시지 않았던 때였다. 그러기에, 설산동자는 수많이 대승(大乘) 경전5)을 구해보았지만 구할 수 없었다. 그런데 어디선가,

"제행무상(諸行無常) 시생멸법(是生滅法)"6)

이라는 소리가 희미하게 들려왔다. 동자는 놀라서 주위를 살펴보았지만, 아무도 없었다. 다시 한번 자세히 보니, 나찰 (羅刹)7)이 가까이 서 있었다. 모습은 무서운 형상을 하고, 머리카락은 불꽃과 같이 곤두서 있으며, 입 밖으로 튀어나온 이빨은 칼과 같았다. 눈을 부릅뜨고 사방을 살피고 있었다. 그러나 그것을 보고도 동자는 특별히 놀란 기색도 없었다. 오로지 방금 귀에 들린 말만을 되새기며 기뻐서 어쩔 줄을 몰라 했다. 그 모습을 예로 들면, 마치 어미와 헤어진 송아지가 희미하게

---

5) 대승(大乘)은 소승(小乘)과 대조되는 말. 소승은 개인의 완성을 원하는 것인데 비해, 대승은 개인의 완성과 함께, 중생구제에 보다 눈을 돌린 가르침. 대승경전은 반야경, 법화경, 열반경 등.

6) 유명한 사구게(四句偈)의 앞 두 구절. '이 세상의 모든 것은 무엇이든 한결 같음이 없다. 이것이 바로 생겼다가 없어지는 우주 만물 속에 내재해 있는 진정한 법칙이다.'

7) 나쁜 악귀(惡鬼)의 이름. 팔부의 하나. 푸른 눈과 검은 몸, 붉은 머리털을 하고서 사람을 잡아먹으며, 지옥에서 죄인을 못살게 군다고 함. 나중에 불교의 수호신이 되었음.

어미 소리를 들은 것과 같아 보였다.

"이 소리는 누가 말했나? 분명히 남은 말이 있을 거야!"

이렇게 말하고, 이리저리 주위를 살펴 찾아보았지만, 주위에는 사람도 없었다. '혹시 이 귀신이 말했을까?' 의심도 해보았지만, '설마 그럴 리가 없겠지?'라고 생각했다. 그 자의 모습을 보면 죄를 지은 탓으로 인해 만들어진 모습 그 자체였다. '이 게(偈)를 들어보니 부처님이 하신 말씀이다. 이런 귀신 입에서 그런 게(偈)가 나올 리가 없다'는 생각이 들었지만, 그렇다고 달리 주위에 사람이 있는 것도 아니고 해서,

"혹 그 말을 그대가 했습니까?"

라고 물으니, 나찰이 이렇게 대답하였다.

"나에게 말을 걸지 마라. 오랫동안 아무 것도 먹지 못하고 굶주림에 지쳐 아무 생각이 나지 않는다. 필시 엉겁결에 나도 모르게 말한 것이겠지. 제정신에서 말한 것이 아니다."

동자가 다시 말했다.

"나는 반게(半偈)[8]를 들은 후로부터 마치 달의 반(半)만을 본 것 같고. 구슬의 반만을 얻은 것과 같은 기분입니다. 부디 남은 게(偈)를 마저 들려주십시오."

귀신이 대답했다.

---

8) 여기서는 사구게(四句偈)의 앞 두 구절을 의미함.

제10화 설산동자   79

"너는 이미 깨달음의 단계에 들어와 있으니까, 새삼스럽게 이제 와서 듣지 않더라도 원한은 없을 것이다. 나는 지금 굶주림에 시달려 말을 할 힘조차 없다. 정말 다 귀찮다. 나에게 말을 걸지 마라."

동자가 또 다시 말했다.

"음식을 먹으면 들려주시겠습니까?"

라고 묻자, 귀신은,

"그렇다면 말할지도 모르지!"

라고 대답했다. 동자는 기뻐서,

"무엇을 먹습니까?"

라고 묻자, 귀신은,

"새삼스럽게 물을 필요가 없다. 네가 들으면 틀림없이 두려워하게 될 것이다. 설사 들어도 쉽게 구할 수 있는 것이 아니다."

그래도 동자는 계속 캐물었다.

"하다못해 '무엇이다'라고 말만이라도 해 주십시오. 한번 찾아볼 테니까요."

라고 하자, 귀신이 그제야 말을 했다.

"나는 단지 사람의 따뜻한 고기를 먹고, 따뜻한 피를 마시고 싶어서 허공을 이리저리 돌아다니면서 찾고 있다. 세상에 사람은 많지만, 그들에게는 각각 수호신9)이 있어 마음대로 죽일 수가 없구나!"

그 말을 들은 설산동자는 속으로 생각하였다. '나는 오늘 이 몸을 버려서라도 이어지는 나머지 게(偈)를 다 듣고 말리라!' 라고. 그래서 동자는 말했다.

"당신의 음식은 여기에 있습니다. 다른 곳에서 구할 필요가 없습니다. 내 몸이 아직 죽지 않았으니까 고기는 따뜻할 것이고, 몸도 아직 얼어 있지 않으니까 피도 또한 따뜻할 것입니다. 빨리 남은 게(偈)를 들려 주십시오. 그러면 이 몸을 드릴 테니까요."

귀신이 비웃으며 말했다.

"누가 너의 말을 정말이라고 믿을 수 있겠니? 듣고 나서 만약 달아나 버리면, 누구를 증인으로 세워 그것을 밝힐 수 있겠어?"

설산동자가 말했다.

"이 몸은 나중에 결국 죽게 되어 있습니다. 허무하게 보내서는 아무런 공덕도 쌓을 수 없습니다. 오늘 불법을 위해 이 더러운 몸을 버리고, 후세에 부처가 되면 깨끗하고 절묘(絕妙)한 몸을 얻을 수 있겠지요. 흙으로 만든 그릇을 버리고, 보배로 만든 그릇으로 바꾸는 것처럼 하려는 것입니다. 범천왕, 제

---

9) 저본의 "열반경"에 따르면, 천상의 제천(諸天)이 사람들을 수호(守護)하는 것으로 되어 있음.

석천, 사천왕, 십방(十方)의 제불(諸佛)·보살 모두를 증인으로 하도록 하지요. 나는 절대로 거짓말을 하지 않습니다."

라고 하자, 귀신이,

"네가 말한 것처럼 거짓이 아니라면 들려 주도록 하지."

이렇게 말했다.

설산동자는 정말 기뻐하였다. 몸에 입고 있던 사슴 가죽옷을 벗어서 설법하는 자리로 깔아놓고는, 손을 합장하고, 땅에 무릎을 꿇고는,

"그저 바라건대 저를 위해 남은 게(偈)를 들려 주십시오."

라고 청하면서 마음을 다하여 깊이 공경하였다. 귀신이 말했다.

"생멸멸이(生滅滅已), 적멸위락(寂滅爲樂)[10]이라고 하지!"

그때 이것을 들은 동자는 기뻐서 어쩔 줄 몰라 하고, 공경, 또 공경하였다. '후세에도 잊지 말아야지.' 이렇게 생각하고는 몇 번이고 몇 번이고 되풀이하여 마음에 깊이 새겨 넣었다. 또한, '기쁜 것은 부처님이 설(說)하신 무상(無常) 교리를 깨우친 것이고, 슬픈 것은 나 혼자만이 들어 다른 사람들에게 전하지 못하고 끝나 버리는 것이다!' 이렇게 생각하고는 돌 위나 바위 절벽 위, 길가의 모든 나무 위에다 이 게(偈)를 써 넣었다. 그

---

10) 유명한 사구게(四句偈)의 후반 두 구절. '혹은 생겼다가 혹은 없어지는 윤회의 경계를 초월해 버리면, 번뇌를 벗어난 진정한 열반의 세계가 된다.'

리고는,

"부디 나중에 여기에 오는 사람들은 반드시 이 게문(偈文)을 보시오."

이렇게 말하고 동자는 높은 나무에 올라가 나찰 앞에 몸을 던졌다. 떨어져 이제 막 땅에 닿으려고 하는 순간, 나찰이 갑자기 원래의 제석천 모습으로 변하여 동자의 몸을 받아내었다. 그리고는 평평한 곳에 앉히고는 공손히 절하며 말했다.

"저는 잠깐이나마 부처님의 게문을 사용하여 보살님을 괴롭혀 드렸습니다. 부디 이 죄를 용서하시고, 나중에 저도 반드시 부처님의 세계로 인도해 주십시오."

또 천인(天人)이 와서,

"좋구나, 좋구나, 이분이야말로 정말 진정한 보살님이시로다!"

라고 소리 높여 외쳤다.

반게(半偈)를 위해 몸을 던졌기에, 십이겁(十二劫)이나 생사를 거듭하는 윤회의 세계를 초월할 수가 있었다.

옛날의 '설산동자'는 지금의 석가여래이시다. 이 이야기는 "열반경"[11]에 실려 있다.

---

11) "대반열반경"의 약칭. 한역 3종이 있는데, 이 설화는 "대반열반경"의 '성행품(聖行品)'(남본(南本) 제13권과 북본(北本) 제14권에 해당)에 보임. 설화서술은 그것에 의거하였음.

제11화
살타왕자薩埵王子

옛날 국왕이 있었다. 국왕에게는 세 명의 왕자가 있었다. 맏형은 마하바라(摩訶波羅), 둘째는 마하제바(摩訶提婆), 그리고 막내는 마하살타(摩訶薩埵)[1]라 하였다. 왕이 산림에 나와 놀고 있었다. 왕자들도 모두 따라 갔었다. 그들은 큰 대나무 숲에 이르러, 호랑이 한 마리가 새끼 일곱 마리를 낳은 것을 목격하였다. 굶주림에 시달려 아주 여위고 지쳐 있어, 멀지 않아 곧 죽을 것만 같았다. 첫째 왕자가 말했다.

"가엾게도, 이 호랑이는 새끼를 낳은 뒤 7일정도 지났고, 일곱 마리 새끼가 있다. 어미 호랑이는 먹을 것을 구할 틈이 없어 굶주려 자기 새끼를 잡아먹으려 하고 있다."

막내의 살타태자가,

"이 호랑이는 무엇을 먹어요?"

---

1) 부처가 과거세상에서 왕자였을 때의 한 이름.

이렇게 묻자, 맏형이,

"호랑이는 그저 따뜻한 사람의 고기만을 먹지!"

둘째 왕자가 그것을 듣고 말했다.

"그렇다면 구할 수 없는 것이네! 누가 몸을 버려서 그것을 구할 자가 있을까?"

맏형이 또 말했다.

"여러 가지 중에서 자기 목숨만큼 버리기 어려운 것이 없을 테니까."

라고 하자, 막내왕자가 말했다.

"우리들이 몸을 지키고 아까워하는 것은 모두 깨달음이 없기 때문이에요. 현명한 사람은 자기 몸을 버려 모든 생물의 목숨을 구하지요!"

이렇게 말하고 마음속으로 몰래, '이 몸은 아주 먼 옛날 전생(前生) 시에 수많이 생(生)을 바꿔 다시 태어나고 다시 죽었지만, 그때마다 허무하게 몸을 썩게 만들었을 뿐, 깨달음에 대한 어떤 소득도 없었다. 오늘 어떻게 또 이 호랑이를 구하지 않을 수 있단 말인가?'라고 생각했다.

세 왕자는 이렇게 말하면서 마음에 연민의 정을 갖고 호랑이를 바라보면서 잠시도 눈을 떼지 않았다. 한참을 그렇게 있다가 모두 그곳을 떠났다. 살타왕자는 떠나가면서도 점점 더 심각하게 사신(捨身)에 대해 깊이 생각했다. '내 몸을 버릴 때

제11화 살타왕자

는 바로 지금이다. 사람의 몸은 냄새나고 더럽다. 언제까지나 애착해서 소중히 지킬 정도의 가치가 있는 것이 아니다. 이 몸이 부서지기 쉬운 것은, 예를 들면 물거품과 같다. 이 몸을 두려워해야 하는 것은, 예를 들면 적이 있어 항상 나를 따라다니는 것과 같다. 사람의 몸이라는 것은, 근육이나 뼈가 서로 이어지고, 피와 살이 모여 이루어진 것이며, 깨달음에 도달한 많은 사람들이 싫어하고 미워하는 것이다. 호랑이를 위해 이 몸을 버려, 선정과 지혜의 힘으로 충만하게 하여, 그 공덕으로 장엄하게 몸을 장식하고, 깨끗하고 영묘한 부처님의 몸을 구하자.' 이렇게 생각하고는, 두 형들이 방해하는 것을 염려하여,

"형들은 먼저 가요. 나는 조금 있다가 따라갈 테니까요."

라고 말했다. 형들은 이런 동생 마음을 헤아리지 못하고 아무런 생각 없이 먼저 떠나갔다.

살타왕자는 그 길로 달려서 숲 속으로 되돌아가 그 호랑이가 있는 곳에 다다랐다. 옷을 벗어서 대나무에 걸어두고는 이렇게 말했다.

"나는 전 세계 모든 중생들을 위해서, 범부(凡夫)들이 모두 애착하는 이 몸을 버리고 최상의 깨달음을 구하고자 한다. 모든 현명한 사람들이 추구하는 대자비(大慈悲)를 받도록 하여라."

그리고는 호랑이 앞에 가서 몸을 맡기고 드러누웠다. 자비

의 힘에 의해서인지 호랑이는 다가와서 먹으려고 하지 않았다. 왕자는 또 '이 호랑이는 지치고 약해져서 나를 잡아먹기 힘들 것이야.' 이런 생각이 들었다. 그래서 일어나 대나무로 자기 목을 찔러 피를 나게 만들었다. 그렇게 하여 또 다시 호랑이 앞으로 걸어 다가갈 때, 땅이 진동했다. 바람이 심하게 불어 파도가 크게 일렁이는 것과 같았다. 하늘의 해는 빛을 잃어 모든 사방이 캄캄했다. 허공에서는 꽃들이 비 오듯 뿌려져 숲 속 이리저리 정신없이 떨어졌다. 굶주린 호랑이는 왕자의 목에서 피가 흘러나오는 것을 보고는 피를 핥으며 살을 먹고 뼈만을 남겨두었다.

그 때 두 형들은 서로 이렇게 말을 했다.

"땅이 흔들리고 해가 빛을 잃었다. 허공에서는 꽃들이 가득 뿌려지고 있다. 필시 이것은 동생이 호랑이를 애처롭게 여겨 몸을 던진 것임에 틀림없어."

형들은 그 점을 의심하고 놀라서 그곳으로 달려 되돌아갔다. 가서 보니, 동생의 옷은 대나무에 걸쳐져 있고, 피는 흘러 내려 땅을 적시고 있었다. 머리카락은 이리저리 흩어져 있고, 뼈만이 남아 있었다. 주위는 향기로운 냄새로 가득 차 있었다. 이것을 본 두 왕자는 할 말을 잃고 뼈 위에 쓰려져 엎어졌다. 슬피 울면서 말하길,

"동생은 용모도 뛰어나고, 부모님이 특히 애지중지 하였었

제11화 살타왕자　　87

는데! 부모님이, '어찌하여 함께 집을 나서서 동생 혼자만이
돌아올 수 없는 몸이 되어버렸단 말이냐?' 라고 물으시면, 도
대체 우리는 어떻게 대답해야 좋단 말이냐?"

　동생 이름을 부르며 이렇게 울부짖었다. 둘은 한참을 그렇
게 있다가 함께 그곳을 떠났다. 형들은 동생만이 돌아오지 못
한 것을 꺼려, 부왕 곁에는 얼씬도 하지 않았다. 그리고 살타
왕자의 시중들에게,

　"왕자는 어디에 간 것이냐? 찾아 오거라."

　라고 명을 내렸다.

　그 때에 중전마마는 궁궐에 남아 높은 누각 위에서 낮잠을
자고 있었다. 잠에서 세 가지 꿈을 꾸었다. 첫 번째는 갈라진
양 젖통에서 피가 흘려 나오는 꿈, 두 번째는 이빨 하나가 빠
져 떨어지는 꿈, 그리고 세 번째는 세 마리 비둘기 중에 한 마
리 비둘기를 매가 뺏어 가는 꿈이었다. 땅이 흔들려 잠에서 깨
어나 보니, 양 젖통에서 실제로 피가 흐르고 있었다. 이상하다
고 생각하고 있는데, 시중드는 궁녀가 달려와서 말했다.

　"듣지 못하셨습니까? 지금 사람들이 뿔뿔이 흩어져 왕자님
을 찾고 계신다는 것을! 아직까지 찾지 못하였다고 합니다."

　중전마마는 놀라고 당황하여 그 길로 왕에게 갔다. 그리고
는 마주앉아,

　"왕자가 보이지 않는다고 합니다."

라고 말씀드렸다. 왕은 충격에 눈물을 흘렸고, 곧바로 많은 사람들을 이끌고 숲 속으로 들어가 왕자를 찾아다니셨다. 한 대신이 와서 아뢰었다.

"위의 두 분 왕자님은 이미 계십니다. 살타왕자님만이 현재 보이지 않습니다."

왕은 눈물을 흘리면서,

"슬프도다! 왕자들이 모두 있었던 이전에는 자식 걱정으로 인해 기쁨은 정말 적었다. 왕자를 잃은 지금에는 탄식으로 인해 괴로움이 많구나!"

라고 말씀하셨다. 또 대신이 와서 아뢰었다.

"왕자님은 이미 몸을 버리고 마셨습니다."

왕도 왕후도 모두 당혹하여 어쩔 줄 몰라 했으며, 눈물을 흘리면서 가마를 타고 그 장소로 향했다. 도착하여 보시고 두 분 모두 정신을 잃고 땅에 쓰려졌다. 물을 가지고 얼굴에 뿌리니 잠시 뒤 소리를 내셨다.

"아아! 자식에 앞서 먼저 죽었다면, 이런 큰 슬픔에는 만나지 않았을 것을!"

이라며 몸을 떨면서 우셨다. 가슴을 치며 땅에 뒹구는 모습은 마치 물고기가 육지에 있는 것과 같았다. 왕과 왕비는 남아 있는 뼈를 모아 탑 안에 넣어 두었다.

옛날의 살타왕자는 지금의 석가여래이시다. 이 이야기는

"최승왕경"[2]에 실려 있다. 천축 이야기를 기록한 책이다.

"서역기"[3]에는 이렇게 말하고 있다. "그곳은 흙도 초목도 현재까지 붉은 색을 뛰고 있다. 사람이 그쪽에 발을 들어 놓으면 가슴이 뛰고 기가 꺾기는 데, 마치 가시에 찔린 것 같다. 도리를 아는 사람도, 모르는 사람도 모두 비통해하지 않는 자가 없다!"

라고.

---

2) 호국경전으로 유명한 "금광명최승왕경"의 약칭. 이 설화는 제10권에 보임. 설화 서술은 그것에 의거하였음.

3) "대당서역기"의 약칭. 전 12권. 당나라 현장법사가 서역(西域)에서 천축(天竺)에 이르는 약 130 개국의 불교 고적(古蹟)을 찾은 여행기. 이 설화는 제3권에 보임.

제12화

수대나태자須太拏太子

옛날 섭파라국(折波羅國)[1] 국왕에게 한 왕자가 있었다. 이름을 수대나태자(須太拏太子)[2]라 하였다. 용모가 뛰어나서 눈이 부실 정도였고, 마음도 어질어 늘 사람들을 불쌍히 여기셨다. 가난한 사람들이 가까이서도 멀리서도 몰려 와서 무언가 베풀어 줄 것을 청했다. 왕은 태자에게 왕의 창고 보물을 맡기고 있었기에, 태자는 사람들이 청하는 것이 있으면 무엇이든 반드시 주었다.

왕에게 한 마리의 흰 코끼리리가 있었다. 힘은 60마리의 코끼리를 합친 것과 같을 정도였다. 적국과 싸울 때도 이 코끼리

---

1) 북인도 지역의 섭파국(葉波國).
2) 부처가 과거세상에서 태자였을 때의 한 이름. '수대나'는 산스크리트어 Sudana(잘 보시하는 사람)의 음을 옮긴 것. 불전, 불서에 따라 '須太拏太子', '須太那太子' '蘇達拏太子' '須怛拏太子' '須檀那太子' 등 다양하게 옮겨져 있음. 이 설화는 남전 "자타카"의 최후를 장식하는 이야기이기도 함.

제12화 수대나태자　　　91

를 앞세워 싸우면 반드시 이겼다. 적국의 왕은 계략을 꾸몄다.
사슴 가죽 옷을 입고 지팡이를 짚은 가난한 여덟 명을 만들어
태자에게 보내 그 코끼리를 구걸하게 했다. 태자가 말했다.

"이 코끼리는 부왕께서 가장 애지중지하는 보물입니다. 이
것을 내어주면 부왕께서 저를 벌하실 겁니다."

그래도 그들은 계속 청하였다. 태자는 마음속으로, '만일 이
사람들의 원을 들어주지 못한다면, 보시행을 행한다는 나의
본래 소원을 어기는 것이 된다.' 이렇게 생각했다. 그래서 태
자는 코끼리에 금으로 만든 안장을 얹혀 내어 주었다. 여덟 명
은 기뻐하며 코끼리 등에 모두 타고 방긋이 웃으면서 사라졌
다. 그것을 본 대신은 깜짝 놀라 왕에게 말씀드렸다.

"왕자님은 재물이라는 재물은 모두 사람들에게 보시하여,
창고는 이미 텅텅 비었습니다. 게다가 코끼리를 적에게 주어
버렸으니 나라가 이미 위태, 위태합니다. 엄중하게 문책 해 주
십시오."

이 말을 들은 왕은 놀라 상심에 잠겼다. 대신은,

"이렇게 된 이상, 왕자님을 나라 밖으로 추방하셔야 합니다.
깊은 산중으로 보내고, 기한은 12년으로 하는 것이 좋을 것 같
습니다."

라고 정하였다. 왕은 그 말에 따르기로 하고, 태자에게 사자
를 보내 그것을 전하게 하였다.

"코끼리는 적들을 막는 보배이다. 그것을 적국에 준 것은 이 나라를 파멸시키는 짓이다. 이 처분도 어쩔 수 없는 일이다. 빨리 이 나라를 떠나 단특산(檀德山)[3]으로 가도록 하여라."

이렇게 분부를 내리셨다. 태자는,

"부왕께서는 저에게 보물을 맡기셨습니다. 코끼리도 또한 부왕의 보물이니까 허락받은 것이라 생각하고 준 것입니다. 하지만, 지금은 감히 분부를 거스르는 일을 하고 싶지 않습니다."

이렇게 전하게 하였다.

태자에게는 부인이 있었다. 다른 나라의 공주로, 모습은 비할 데 없이 아름다웠고, 마음씨 또한 아주 훌륭했다. 또한, 어린 남녀 아이가 1명씩 있었다.

태자는 자고 있는 부인을 흔들어 깨웠다.

"어서 일어나 보시오. 부왕께서 나를 단특산으로 내쫓아 보내기로 한 것을 그대는 모르시는가?"

태자비는 깜짝 놀라,

"무슨 일이 있었습니까?"

라고 물었다.

"코끼리를 남에게 주었기 때문이오."

---

3) 단특산(檀特山). 북인도 간다라국에 있는 산.

제12화 수대나태자　　　　93

라고 태자가 대답하셨다. 태자비는 눈물을 흘리면서,

"저도 함께 가겠나이다."

라고 말했다. 태자는,

"그 산은 여기서 아득히 먼 곳에 있다고 하오. 게다가, 허공에는 구름이 자욱하여 어둡고, 저 멀리서 천둥소리가 들린다고 해요. 비도 끊임없이 내리고, 호랑이·늑대 같은 사나운 짐승들이 우글대고 있으며, 독충이 많이 살고 있어요. 또한 큰 바위나 돌멩이가 도처에 있으며, 가시나무가 길에 무성하여 잠시라도 마음 놓고 다닐 수 없는 곳이에요. 우리들은 궁궐 안에서 자라 세상의 괴로움을 아직 잘 모르는데, 갑자기 야산에 들어가서 나무열매를 음식으로 먹고, 풀잎을 명석으로 해야 합니다. 나조차도 적응할지 걱정이 되는데, 하물며 그대는 어떻게 적응이 되겠어요? 여기에 그냥 머물러 계세요."

라고 말씀하셨다. 태자비는 거듭,

"비록 그 어떠한 어려움이 있다 하더라도 서로 헤어질 수는 없습니다. 제가 낭군님을 마음속 깊이 의지하는 것은 어린아이가 부모를 의지하는 것과 같습니다. 같이 가서 함께 죽는 한이 있더라도 낭군님의 뜻을 끝까지 받들겠다는 원래 약속을 지키겠습니다."

이렇게 말을 하였다. 태자는 태자비의 사랑스러운 마음을 어여삐 여겨 함께 모후한테로 가서 그런 점을 말씀드렸다.

"제 걱정은 절대로 하지 마십시오. 오직 임금님을 잘 받들어 모셔 주십시오. 혹시 백성들을 괴롭히는 정치를 하시면 정중하게 말씀드려 그런 것을 멈추게 하여 주십시오."

모후는 눈물을 흘리며 말씀하셨다.

"내 몸은 지금 돌멩이처럼 되어 마음이 없어졌어요. 내 아드님은 당신 한사람뿐입니다. 아무리 보고 또 보아도 질리는 일은 결코 없습니다. 머나먼 곳으로 추방된다고 들었을 때부터 나는 혼이 나가고 제정신을 잃었습니다. 당신을 임신하였을 때는 나무에 꽃 봉우리가 달린 것처럼 기뻐하였고, 당신을 낳았을 때는 나무에 열매가 맺힌 것처럼 의지해 왔습니다. 그런데 이렇게 될 줄은 생각도 하지 못했습니다. 저를 남겨두고 헤어져 머나먼 국경너머로 가신다니요!"

모후는 이렇게 말씀하시고 태자의 얼굴을 바라보면서 눈물을 태자와 함께 하염없이 흘리셨다. 2만 명의 부인들, 4천명의 대신들 모두 울면서 태자와 헤어짐을 아파했다. 태자가 궁문을 나서자, 수많은 사람들이 눈물을 흘리며 태자를 전송했다. 길에는 전송하는 사람들로 넘쳐났고, 우는 소리가 온 나라를 뒤덮었다.

태자는 전송하려 나온 사람들을 되돌려 보내고 점점 더 멀리 떨어진 곳으로 나아갔다. 그 무렵, 어떤 사람이 와서 태자가 타고 있던 말을 청했다. 태자는 말에서 내려 말을 그에게

제12화 수대나태자   95

주었다. 조금 더 나아가자, 이번에는 수레를 청하는 자가 있었
다. 그래서 태자비를 수레에서 내리게 하고는 그에게 그것을
주었다. 그리고 또, 많은 사람들이 태자에게 와서 옷을 청했다.
태자는 자기의 옷은 물론, 부인과 두 자녀의 옷까지 모두 그들
에게 주었다. 시중들고 있던 사람들도 모두 떠나버려서, 태자
는 남자아이를, 부인은 여자아이를 등에 업고 도보로 걸어갔
다. 단특산은 이 나라에서 멀리 떨어진 곳에 있었다. 길 가는
도중에 태자를 만류하며 그곳에 머물 것을 권하는 사람도 있
었지만, 그러면 부왕의 명령을 위반하는 것이 된다 하여 쉬지
않고 나아갔다.

약 3주일 정도 고난의 행군을 한 끝에, 마침내 단특산에 도
착했다. 산기슭에 하천이 있었다. 부인을 도와서 그곳을 건넜
다. 산중에 불도를 수행하는 자가 있었다. 찾아가서 그 자를
만났다. 그 산에서 살만한 장소를 물어보고 불도를 수행하고
싶다는 뜻을 전했다. 수행자는 태자를 위로하면서 살 곳을 가
르쳐 주었다. 태자는 산중턱 바위 부근에 초막집을 나란히 3
개 지었다. 하나는 자기가 거처하고, 또 하나는 부인을 살게
하고, 나머지 한개는 아이들의 놀이방으로 만들었다. 남자아
이는 7세로 아버지를 따라 드나들었고, 여자아이는 6세로 엄
마를 따라 드나들었다. 샘물을 마시고 나무열매를 먹으면서
세월을 보내고 있었다. 계곡물은 조용히 흘러내리고, 산의 새

는 한결 더 슬프게 울었다. 때때로 태자는 수행자 집에 가 인연을 맺고 불도를 닦았다.

그 때, 구류국(鳩留國)이라는 멀리 떨어져 있는 나라에, 노쇠하고 가난한 한 바라문이 있었다. 머리는 희고 얼굴은 거무스레했다. 눈은 붉게 진물러 있었고, 입은 삐뚤어져 있어, 그 형상이 마치 귀신과 같았다. 노인에게는 젊은 마누라가 1명 있었는데, 바가지를 긁으며 말했다.

"내가 물을 기르러 가면 만나는 사람마다 모두 비웃어요. 내가 부릴 사람을 구해 오지 않으면 나는 여기서 당신과 함께 살 수가 없어요."

노인은,

"나와 같은 가난한 사람에게 누가 하인으로 오려고 하겠는가?"

라고 대답했다. 마누라가 또 말했다.

"수대나태자는 지금 깊은 산속에 쫓겨나 있다고 해요. 그에게는 두 아이가 있는데, 가서 구걸하면 반드시 얻을 수 있을 거예요."

라고 권하는 것이었다.

그 노인이 태자가 있는 곳에 지팡이를 의지해 물어물어 찾아왔다. 때마침 태자의 부인은 과실을 따러 나가고 없었다. 두 아이들은 노인을 보고 무서워 숨어버렸다. 노인이 말했다.

제12화 수대나태자　　　　97

"후들거리는 발을 질질 끌고 왔더니 온 몸이 욱신욱신 아프군요. 게다가 굶주려 많이 지쳤습니다."

태자는 노인을 불쌍히 여겨 죽과 과일을 내주어 먹게 하였다.

노인이 말했다.

"태자님이 보시행을 행하신다는 것을 듣고 찾아 왔소이다."

태자가 말씀하셨다.

"미안하지만, 나에게는 더 이상 남아 있는 재물이 없소."

노인은,

"나는 늙고 가난하여, 이제 얼마 남지 않은 목숨조차 연명하는 데에 무척 힘이 듭니다. 두 아이를 받아서 이 늙은 몸의 몸종으로 부리고 싶습니다."

라고 하면서 간절히 세 번이나 청하였다.

태자는 눈물을 흘리셨다. 자식을 생각하는 마음은 한없이 넓지만, 노인을 가련히 여기는 마음 또한 대단히 깊었다. 태자가 말씀하셨다.

"멀리서 여기까지 기대를 품고 왔을 텐데, 들어주지 않을 수 없군."

노인은 대단히 기뻐했다. 태자가 아이들을 불렀지만, 아이들은 숨어서 대답을 안했다. 태자가 직접 아이들이 있는 곳에 가 찾아가 이야기 했다.

"만일 나를 부모라 여긴다면 이 사람을 따라 가거라."

라고 태자가 강한 어조로 말했다. 아이들 둘은 태자의 품에 안겨 울부짖으며 말했다.

"이 노인은 귀신입니다. 저를 이 노인에게 주는 것은 저를 죽이는 것입니다. 새끼를 잃은 소가 미친 듯이 날뛰듯, 엄마가 돌아와서 그렇게 찾으면 아바마마도 반드시 후회하실 겁니다. 엄마가 돌아올 때까지 조금만 더 기다려 주십시오."

이렇게 아이들이 말하자, 노인이 말했다.

"아이들 엄마가 돌아오면 반드시 방해해서 못 주게 할 겁니다. 만일 주실 거라면 빨리 받아 돌아가고 싶습니다."

태자는 강한 어조로 아이들을 설득시켜 손을 잡아 노인에게 넘겼다. 그 때, 땅이 크게 진동하였다.

아이들은 노인에게서 달아나 태자 앞에 와서,

"나는 옛날 무슨 죄를 지었기에 지금 이런 괴로움을 겪고 있습니까? 왕족의 혈통으로 태어나 천한 백성의 하인이 되다니요."

이렇게 말을 하고는 둘 다 슬프게 울었다. 태자는 아이들을 타이르며 말씀하셨다.

"부모든 자식이든 모두 마지막은 영원한 이별을 하는 것이다. 이 세상의 모든 것은 무상(無常)하지 않는 것이 없으며, 어느 것 하나 의지할 바가 못 된다. 내가 부처가 되었을 때, 내

제12화 수대나태자   99

손으로 너희들을 인도해 주도록 하마!"

이렇게 일깨워주고 또 노인에게 아이들을 넘겨주려고 하였지만, 아이들은 엄마의 얼굴은 못보고 헤어지는 것을 못내 슬퍼하여,

"우리 어머니 하필이면 오늘 무슨 일이 있어서 이렇게 늦으신단 말인가! 나는 지금 떠나려고 하는데, 빨리 와서 한번만이라도 저희들을 봐 주세요."

라고 나뒹굴면서 울면서 떠나려 하지 않았다. 노인이 말했다.

"나는 늙어서 힘이 없습니다. 발에 힘이 들어가지 않아 걷기도 힘듭니다. 이 두 아이들이 저를 버리고 엄마 곁으로 달아나면, 나는 또 무슨 수로 아이들을 잡을 수 있겠습니까? 둘을 묶어서 저에게 주십시오."

태자가 그 말에 따라 아이 둘의 손을 붙잡자, 노인이 다가와서 아이들을 묶었다. 노인이 묶은 줄을 잡고 끌었지만, 아이들은 거역하고 전혀 걸으려고 하지 않았다. 노인은 대나무를 가지고 아이들을 때렸다. 피가 흘러내려 대지를 더럽혔다. 태자는 정원에 서서 그것을 바라보고 있었는데, 눈물이 떨어져 땅에 흘러내렸다. 그 때 땅이 크게 흔들렸고, 산 짐승들이 일제히 울부짖었다.

태자는 아이들이 저 멀리 보이지 않을 때까지 바라보고 서

있었다. 아이들은 점점 더 멀어져갔고 이윽고 시야에서 사라져 보이지 않았다.

부인이 되돌아 와서 보니, 태자 혼자만이 있었다. 두 아이를 찾아다니며 세 번이나 물어보아도 태자는 대답하지 않았다. 부인이 억지로 또 묻자, 태자가 대답하였다.

"가난한 노인이 와서 구걸하기에 건네주었소."

그 말을 들은 부인은 땅에 쓰려져 나뒹굴었다. 눈물을 흘리면서 울부짖으며 말했다.

"자식 둘이 나를 버리고 어디에 가버렸단 말이냐! 자나 깨나 항상 내 좌우에 있더니만! 내 손에 과실이 있는 것을 보곤 기뻐서 달려와 달라 하고, 내 몸에 먼지가 묻은 것을 보곤 서로 먼저 털어주려고 하더니만! 장난치며 흙투성이가 되어 새와 동물들을 만들기도 하였는데! 각종 장남감은 여기저기 이렇게 남아 있는데! 이것을 보니 점점 더 슬퍼져 내 마음이 찢어질 듯합니다. 어디로 갔는지 그 방향이라도 가르쳐 주세요. 쫓아가서 제발 서로 얼굴이라도 한번 보게요."

태자가 말씀하셨다.

"그대는 처음 나와 인연을 맺었을 적에, 비록 어떤 일이 있더라도 내 뜻을 거역하지 않겠다고 말하였소. 지금 이렇게 슬픔을 말하여 내 마음을 아프게 하는 것은 본래의 약속에 틀리지 않소?"

제12화 수대나태자 101

이렇게 가르쳐 타이르셨지만, 부인은 슬픔에 빠져 일어서려
고 하지 않았다.

잠시 후에, 어떤 사람이 또 와서 말했다.

"당신 부인이 얼굴도 예쁘고 마음씨 또한 좋다고 들었습니
다. 저에게 주십시오."

태자가 대답하셨다.

"정말 그렇습니다. 지금 일부러 여기까지 오셨으니까 드리
지 않을 수 없군요."

부인이 듣고 말하셨다.

"저까지 남에게 주면 도대체 누가 있어서 당신을 돌보아드
린단 말입니까?"

태자가 대답하시길,

"내가 당신을 아까워해 주지 않는다면, 원(願)을 세워 맹세
한 내 약속에 어긋나는 것이오."

이렇게 말씀하시고 부인을 내주려고 하자, 땅이 또 진동하
였다.

그 사람이 태자의 부인을 이끌고 일곱 걸음을 걸어갔지만,
태자는 전혀 후회하는 기색이 없었다. 그 사람이 되돌아 와 부
인을 태자에게 되돌려주면서 말했다.

"나는 도리천왕(忉利天王)인 제석천이오. 당신이 자기 아이
들을 남에게 주는 것을 보고, 부인을 달라고 하여 당신 마음을

시험해 본 것이오. 원하는 것이 무엇이오? 내가 들어주도록 하지요."

하면서 원래의 제석천 모습으로 변했다. 부인이 절하며 말하였다.

"부디 나의 두 아이를 데리고 간 노인에게 아이를 팔려는 마음을 생기게 하여, 본국으로 아이들을 되돌려 보내 주십시오. 부디 우리 아이들을 지켜 구해 주시고 굶주리지 않도록 해 주십시오. 부디, 태자를 빨리 본국으로 되돌려 보내 주십시오."

태자는 말하였다.

"저는 다만 불도를 닦아 중생들을 제도(濟度)하고 이전보다 더 베풀고자 합니다."

제석천은,

"훌륭하도다."

이렇게 칭찬하고 사라졌다.

한편, 그 노인은 아이들을 얻어 집으로 되돌아갔다. 마누라가 말했다.

"이 아이들은 하인으로 부리기에는 힘들어 보이는군요. 이 아이들을 팔아 다른 하인을 구해 오세요."

그리하여 노인은 아이들을 팔려 이웃 나라로 갈려고 하였는데, 길을 헤매어 아이들의 본국으로 오고 말았다. 보는 사람

모두,

"이들은 태자의 아이로 임금님의 손자이다."

라고 하였다. 그 사실을 왕에게 말씀드리자, 왕은 노인을 불러 물으셨다. 노인이 대답하길,

"태자에게 말씀드렸더니 주셨습니다. 남에게 팔려고 데리고 왔습니다."

왕은 크게 슬퍼하시고 아이들을 자기 무릎 위에 앉히려고 하니 두 아이는 앉으려 하지 않았다. 왕이,

"나를 잊어 버렸느냐?"

라고 묻자, 사내아이가 대답하길.

"옛날에는 임금님의 손자였습니다. 하지만 지금은 천한 백성의 하인입니다."

왕이 울면서 억지로 안으시고, 두 아이의 값을 물으시니, 노인은 뭐라고 말을 못했다. 사내아이가 대답하였다.

"남자아이의 값은 싸고 여자 아이의 값은 비쌉니다."

왕이 물으셨다.

"어째서 그러하냐?"

사내아이가 대답하였다.

"태자는 임금님의 아드님이시지만, 머나먼 산중에 추방되어 괴로움이 많으십니다. 그러므로 남자 아이의 값은 적습니다. 궁녀들은 천한 사람들의 딸이지만 궁궐 안에서 생활해 즐

거움이 많습니다. 그러므로 여자 아이의 값은 더 많습니다."

이 말을 듣고 왕은 점점 더 슬퍼하시며,

"나이가 불과 여덟 살인 아이의 말 치고는 정말 똑똑한 말이 아닌가?"

칭찬하시며, 아이들의 몸값을 노인에게 주고 되돌려 보냈다. 그리고는 손자인 왕자에게,

"태자는 어떻게 하고 있느냐?"

물으셨다. 왕자가 대답하길,

"나무 열매를 먹고 계십니다."

왕은 눈물을 흘리며 사자를 보내 태자를 부르셨다. 사자가 도착하여 왕의 분부를 태자에게 전하며 말하였다.

"'태자가 떠난 이후로부터 나도 왕후도 태자를 그리워 슬퍼하며 먹지도 않고 잠도 자지 않아 나날이 수척해져서, 남아 있는 목숨도 이제 얼마 남지 않은 것 같다. 빨리 되돌아 오거라.' 이렇게 분부하셨습니다."

태자가 말하길,

"임금님께서는 나에게 이미 12년의 벌을 주셨습니다. 아직 1년밖에 지나지 않았습니다. 기한이 다 차면 돌아가겠습니다."

이렇게 전하게 하였다. 사자가 되돌아 와 태자의 말을 왕에게 말씀드렸다. 왕이 또 손수 편지를 써 보내어 말씀하셨다.

제12화 수대나태자　　　　105

"태자는 깨달음이 깊은 사람이다. 떠날 때도 잘 참았듯이, 돌아올 때도 잘 참을 수 있을 것이다. 혹 나를 원망해서 돌아 오지 않는 것이라면, 너를 기다려 돌아올 때까지 아무것도 먹 지 않겠다."

태자는 왕의 편지를 읽고, 모후가 그리워하고 계실 것을 생 각해서, 초막을 나와 마차에 올랐다. 산을 되돌아보며 태자는 눈물을 흘렸다.

온 나라 사람들이 기뻐하였으며, 길을 청소하고, 향을 피우 고, 기악을 울리며 태자를 맞이하였다.

적국의 왕은 이전 자기들이 계략을 꾸며 손에 넣은 흰 코끼 리에 안장을 장식하고 보물을 새겨 넣었다. 또 금 발우[4]에 은 조(粟)[5]를 가득 담고, 철 발우에 은 조(粟)[6]를 가득 담아서 태 자가 돌아오는 길에 사자를 급히 보내어, 태자를 맞이하면서 허물을 참회하여 말하였다.

"제가 어리석은 탓에 흰 코끼리를 구걸하게 하였고, 제 잘 못으로 인하여 태자께서 멀리 추방당하는 죄를 받게 하였습니 다. 처음 태자가 산에 유배된다는 말을 듣고 제 슬픔은 이루 말할 수 없었습니다. 이제 돌아가신다는 말을 들으니 정말 기

---

4) 곡물, 밥 등을 담는 용기(容器)
5) 좁쌀
6) "태자수대나경"에는 "은 발우에 금 조를 담아"로 되어 있음. "삼보에" 의 오기(誤記)로 보임.

쁘기 그지없습니다. 흰 코끼리를 되돌려 보내고, 금 조를 덧붙여 바칩니다. 부디 이 뜻을 받아 주시고 저의 죄를 용서하여 주십시오."

태자는 보내 온 코끼리를 되돌려 보내고, 사신을 파견해 준 것에 대해 감사의 인사를 전했다.

부왕은 코끼리를 타고 나와서 태자를 맞았다. 모후는 자식을 보고 기뻐하며 함께 이야기를 나눴다. 대왕은 헤아릴 수 없을 만큼의 많은 보물을 태자에게 물러 주었다. 태자께서는 사람들에게 베풀기를 이전보다도 더 많이 하셨다.

그 이후로부터 백성들의 집도 부유해져서 도둑이 없어지고 감옥도 사라졌다. 적국과도 친해져 싸움이 없어지고 태평성대를 구가하였다.

옛날의 '수대나태자'는 지금의 석가여래이시다. 이 이야기는 "태자수대나경"[7], "육도집경"[8] 등에 실려 있다.

"서역기"[9]에 말하기를,

"단특산 중에 탑이 있다. 옛날에 태자가 수행하던 곳이다. 그 옆에 또 하나 탑이 있다. 태자가 노인에게 아이들을 준 곳

---

7) "태자수대나경"은 1권으로 진(晋)나라 성현(聖賢)이 번역. 설화 서술은 이것에 의거하였으나, "육도집경"도 많이 활용하였음.
8) 오(吳)나라 강승회(康僧會)가 한역한 불교설화집. 이 설화는 제2권에 보임.
9) "대당서역기"의 약칭. 이 기사는 제2권에 보임.

제12화 수대나태자　　　107

이다. 아이들을 받을 때 회초리로 친 곳이어서 지금도 그곳에
는 초목들이 모두 붉은 색을 뛰고 있다"고 한다.

제13화

섭동자睒童子

옛날 가이라국(迦夷羅國)[1]에 한 장자(長者)[2]가 있었다. 남편과 아내가 모두 늙었고 두 눈이 멀었다. 유일한 아들이 한 명 있었다. 이름은 섭(施无)[3]이라 하였다. -어떤 책에는 그 이름을 선심(善心)이라 함. 섭은 마음에 십선(十善)[4]을 좋아하여 정성을 다하여 부모를 섬겼다. 부모는 깊은 산에 들어가 불도를 수행하려는 마음은 있었지만, 집에 외동아들을 혼자 남겨놓고 헤어지는 것이 슬프고, 또한 산에 같이 함께 따라가 줄 사람이 없는 것을 한탄하며, 허송세월을 보내며 그 뜻을 이루지 못하

---

1) 'Kapila'의 음을 옮긴 것. '가비라국(迦毗羅國)'은 석가모니가 태어난 나라임.

2) 부자, 부호

3) 부처가 과거세상에서 효자였을 때의 한 이름. 원문의 세무(施无)는 섭(睒). 섭(睒)을 1자(字) 1음(音)에 맞춰 그 음을 일본식으로 한자표기 한 것임.

4) 십선(十善)은 살생 등 불교에서 금하는 열 가지의 십악(十惡)을 행하지 않는 것.

제13화 섬동자　　109

고 있었다. 섬은 부모님에게 말했다.

"어찌하여 저를 걱정하시어 본래의 원(願)을 이루고자 하지
않으십니까? 세상은 모두 무상하여 사람의 목숨은 멈출 수가
없습니다. 빨리 원(願)을 이루어 주십시오. 제가 같이 가서 돕
겠습니다."

이 말에 부모는 크게 기뻐하고, 즉시 집안 물건을 정리하여
많은 가난한 사람들에게 나눠 주었다.

섬은 두 부모님을 깊은 산속에 모셔 갔다. 초암(草庵)을 만
들고 그 안에 쑥으로 만든 방석을 여러 겹 깔았다. 섬은 폭포
에서 떨어지는 물을 기르고, 산 나무열매를 주워 모았다. 아침
에 일어나서는 나무열매를 줍지만, 자기가 먼저 먹는 일은 없
었다. 밤에는 항상 세 번 일어나 부모님이 춥지는 않으신지,
따뜻하게 주무시고 계시는지 늘 확인하였다. 이렇게 혼자서
부모님을 모시고 지낸 해가 많이 흘렀다. 섬의 깊은 자비심에
는 그동안 친숙해진 새와 짐승들로 모두 감동을 받아 눈물을
흘릴 정도였다.

어느 날 부모님이 물을 찾으셨다. 사슴 옷을 입고 있었던 섬
은 병을 손에 들고 계곡에 가서 물을 뜨려고 몸을 숙였다. 그
때 사슴들도 몰려와 물을 먹었는데, 그 모습들이 흡사 섬과 동
일하였다. 때마침 국왕이 그곳에 나와 사슴사냥을 하고 있었
다. 국왕은 물을 먹고 있는 사슴들을 발견하고는 곧바로 활시

위를 당겼는데, 잘못하여 섬의 가슴에 꽂히고 말았다. 섬은 쓰러지면서 말했다.

"누가 화살 하나로 세 사람을 죽인단 말인가? 코끼리는 상아(象牙)를 취하기 위해 죽고, 코뿔소는 뿔을 취하기 위해 죽는다. 그런데 나에게는 아무것도 취할 것이 없는데 어찌하여 죽는단 말인가?"

국왕은 그 소리를 듣고 '사람이 맞았다'는 것을 알고 깜짝 놀랐다. 얼른 말에서 내려 가까이 다가가 보았다.

"너는 누구냐? 그 모습이 마치 사슴 같아 사람인줄 모르고 활을 쏘고 말았구나."

라고 말씀하셨다. 섬이 말했다.

"저는 늙은 부모님을 모시고 이 산에 살고 있는 사람입니다."

왕은 그 말을 듣고 눈물을 흘리셨다. 모시고 온 사람들도 모두 울었다. 그 때, 갑자기 큰 바람이 불어 나뭇가지를 꺾었다. 모든 새들은 슬프게 울었고, 짐승들은 짖어대며 이리저리 날뛰었다. 해가 어두워져 하늘에는 빛이 보이지 않았고, 천둥이 울리고 땅이 흔들렸다.

왕은 크게 두려워하며 말씀하시길,

"나는 잘못하여 효자를 죽이고 말았다. 이 죄는 정말 무겁다. 슬프도다! 약간의 고기 맛을 보려고 무거운 죄를 짓고 말았다니. 어떻게 해서든 너를 살려야 할 텐데!"

라고 하시면서 눈물을 흘리셨다. 그리고 손수 섬의 몸에 박힌 활을 뽑아내려고 하셨다. 활은 깊이 박혀 잘 뽑히지 않았다. 섬이 말했다.

"이것은 임금님의 잘못이 아니십니다. 저의 과거 업보에 의해 일어난 일입니다. 내 몸은 아깝지 않습니다. 단지 부모님의 목숨을 생각하니 슬플 뿐입니다. 저의 부모는 늙고 눈이 멀었습니다. 하루라도 제가 없으면 앞으로 살아가실 수 없을 것입니다."

왕은 점점 더 슬퍼져서,

"네가 만일 끝까지 살아나지 않는다면, 나는 오랫동안 이 산에 남아 너를 대신해 너의 부모를 모시겠다. 제천(諸天)들과 용신(龍神)이시여, 모두 제 말을 들어 주십시오. 절대로 이 맹세를 깨는 일을 없을 것입니다."

라고 말씀을 하셨다. 이 말은 들은 섬은 대단히 기뻐하고 고마워했다.

"정말로 임금님이 저희 부모님을 모셔 주신다면, 저는 죽어도 여한이 없습니다."

왕은 울면서 물으셨다.

"네가 아직 살아 있을 때에 빨리 부모가 있는 곳을 알려다오."

이에 섬이 말씀드렸다.

"이 좁은 길을 가시면 여기서 멀지 않는 곳에 작은 초암이 있습니다. 저의 부모는 그 안에 있습니다. 조용히 가십시오. 갑자기 부모님의 마음을 놀라게 하지 말아 주십시오. 적당히 잘 둘러서 말씀하시되, 갑자기 부모님의 마음을 놀라게 하여 쓰러지는 일이 없도록 하여 주십시오. 또한 부모님에게 이렇게 전해 주십시오. '사람의 목숨은 무상한 것이기에, 저는 이제 이 세상을 떠나갑니다. 이제부터는 누구를 의지하고 어떻게 남은 목숨을 보내신단 말입니까? 나는 단지 그 점이 걱정이 되어, 죽어도 마음이 편안하지 않습니다. 누구나 마지막에는 죽습니다. 그 누구도 이것을 피할 수는 없습니다.' 친절하게 이 말을 전해 주시고, 결코 부모님의 마음을 괴롭히는 일이 없도록 하여 주십시오. '아무쪼록 후세에서도 쭉 아들로 태어나, 헤어지지 않고 가까이서 모시겠습니다.' 이렇게 말하고 죽었다고 전해 주십시오."

이렇게 말하고 섬은 죽었다. 왕과 많은 사람들은 그 말을 듣고 소리를 내어 흐느껴 울었다.

왕은 가르쳐 준 길을 찾아 가 초암(草庵)에 이르렀다. 장님인 부모는 사람들이 많이 시끄럽게 오는 소리를 듣고,

"누가 왔나?"

라고 물었다. 왕이 대답하셨다.

제13화 섬동자   113

"나는 이 나라 국왕이다. 너희들이 산속에 들어가 도를 배
운다는 것을 듣고 공양하려 일부러 온 것이다."

부모는 놀라서,

"정말 황송하고 고마운 일입니다. 여기 새로운 풀방석이 있
습니다. 잠시 여기에 앉으십시오."

라고 하면서 방석을 더듬어 찾아내어 펴드렸다. 왕이,

"이 산에 와서 사는데, 편안한가, 아니면 괴로운가?"

라고 물으시니, 부모가 이렇게 대답하였다.

"나라에는 임금님이 계시고 저희에게는 효자가 있습니다.
임금님의 은덕덕분에 세상은 편안하고 모든 것이 풍족합니다.
저희들은 자식의 보살핌에 의해 나무 과실을 먹고, 샘물을 마
시고 있습니다. 전혀 부족함이 없고 괴로운 것도 없습니다. 이
산의 과실을 한번 드셔 보십시오. 제 자식은 물을 뜨러 갔는데
곧 돌아올 것입니다."

왕은 감정을 억누르지 못하시고, 눈물을 흘리며 말하였다.

"아들이 돌아오는 것을 기다리고 있는 그대들을 보니, 내
마음이 아파 가슴이 찢어질 것 같구나! 나는 사냥하러 산에 들
어와 사슴인 줄 알고 쏘았는데, 잘못하여 너의 아들을 맞춰버
렸다. 그것이 너무 슬퍼 이렇게 온 것이다. 지금은 단지 나만
을 의지하도록 하여라. 내가 아들을 대신해 모시도록 하겠다."

이 말을 들은 부모들은 그 자리에 털썩 쓰러져 나뒹굴었다.

마치 큰 산이 무너지는 것 같았다. 왕은 손수 부모를 일으켜 세웠다. 부모는 슬피 울면서 말하였다.

"내 아들은 자비심이 깊고, 저희들을 섬기는데 조금의 잘못도 없었습니다. 오늘 임금님에게 무슨 잘못을 하여 죽었단 말입니까? 큰 바람이 갑자기 불고, 새가 슬피 우는 데, 제가 이 산에 들어와서 20년이 흘렀지만, 지금까지 이런 일은 없었습니다. 내 아들이 계곡에 물을 뜨러 가, 혹시 무슨 변고나 있지 않을까 걱정하고 있었습니다. 그런데, 벌써 죽었다니요! 얼마나 시간이 지났습니까? 죽었습니까? 아니면 아직 살아 있습니까?"

왕은 섬이 말한 말을 상세히 전하고,

"이렇게 말하고 죽었다."

라고 하셨다. 부모들은 이 말을 듣고 더한층 비통해 하며 말했다.

"하나 있는 아들이 이미 죽었습니다. 지금은 누구를 의지해야 된단 말입니까? 저희들도 죽을 수밖에 없습니다. 임금님! 제발 저희들을 아들이 죽은 장소로 데려가 주십시오."

왕은 깊이 슬퍼하시고 손수 두 부모의 손을 잡고 아들이 죽은 장소로 데려 갔다. 아버지는 자식의 다리를 껴안고, 엄마는 머리를 껴안고 각각 한 팔을 가지고 함께 가슴에 박힌 화살을 뽑으려 하였다. 엄마는 또 혀로서 아들의 상처를 핥으면서,

제13화 섬동자 115

"독이여, 내 입으로 들어가 나를 죽이고 자식을 살리게 해 다오. 나는 이미 늙고 눈까지 멀었다. 아들을 대신해 내가 죽게 해 다오."

이렇게 말하면서, 부모는 소리를 내어 자식을 부르며 울부짖었다.

"내 아들은 효자였다. 부처님을 잘 받들고 부처님의 법을 지키고 스님을 공경하였다. 그 효심이 하늘에 통한다면, 박힌 화살이 저절로 빠지고, 독기가 사라지며 그리고 떠나간 혼(魂)도 다시 돌아와 끊겨진 목숨이 되살아 나다오. 만일 그 효심이 진실이 아니어서 내가 말한 것에 아무런 반응이 없으면, 나도 여기서 목숨을 끊어 한줌의 재가 될 것이다."

이렇게 하늘을 향해 울부짖으며 호소했다.

그 때 하늘의 제석천이 앉아 있던 자리가 갑자기 넘어지고, 제천(諸天)들의 궁전이 모두 흔들렸다. 제석천은 천안(天眼)을 가지고 멀리서 그 모습을 바라다보았다. 부모가 자식을 애타게 그리워하고, 자식이 성심을 다해 부모에게 효도한 것을 불쌍히 여겨, 범천왕과 함께 하늘에서 내려왔다. 하늘과 땅의 모든 신들도 몰려왔다. 제석천은 본래의 모습을 드러내고 늙은 노부부에게 말했다.

"이 아이는 정말 효자로다. 내가 반드시 되살려 보겠다."

이렇게 말하고 하늘의 약을 섬의 입에 부어 넣었다. 그러자 박혀있던 화살이 갑자기 빠지면서 목숨이 되살아났다. 부모들은 놀라서 그동안 멀었던 두 눈이 다시 뜨여 보이게 되었다. 나는 새와 달리는 짐승이 모두 기쁜 소리를 내었다. 바람이 멈추고 구름이 거처, 햇살이 유난히도 밝게 빛나고 꽃이 평소보다 아름답게 피어 있었다.

놀라워하면서 보고 있던 국왕은 큰 기쁨을 이기지 못하여, 제석천을 예배하고, 또한 부모 및 섬을 예배하면서 말씀하셨다.

"내 나라의 재물을 모두 그대들에게 주고, 또한 오랫동안 여기에 머무르면서 아침저녁으로 공양하도록 하겠노라."

섬은 왕에게 대답하였다.

"은혜를 갚고자 하신다면 빨리 나라로 돌아가시어 사람들을 편안하게 위로해 주시고 모두에게 계(戒)를 받들어 지키도록 권해 주십시오. 그리고 임금님은 다시는 사냥하지 마십시오. 사냥은 현세에 있어서도 몸이 편안하지 못하고, 후세에는 지옥에 떨어지는 것입니다. 임금님은 옛날 많은 공덕이 있었으므로 지금 임금님이 되신 것입니다. 그런데 지금 마음대로 행동하시어 어리석고 허무하게 죄를 짓지 않도록 하십시오."

이 말을 들은 국왕은 크게 후회하시고,

"지금부터는 너의 가르침대로 하겠다."

라고 말씀하셨다. 왕을 따라왔던 많은 사람들은, 제석천이

제13화 섬동자   117

하늘에서 내려와 약을 입에 넣자 섬이 바로 살아나고, 부모의
두 눈이 모두 열리는 것을 보고, 모두 신기해하며 크게 기뻐하
였다. 또한 오계(五戒)를 받들어 죽을 때까지 범하지 않아야겠
다고 생각했다. 왕은 나라로 돌아가 이렇게 널리 선포하였다.

"눈먼 부모가 있고, 섬과 같이 효양을 하는 자에게는 모두
나서 함께 도와주도록 하자. 만일, 그들을 괴롭히거나 그것을
어기는 자가 있으면 중벌에 처할 것이다."

나라 안의 백성들은 모두 섬처럼 마음을 일으켜, 상하의 계
층 모든 사람들이 서로 도와 가르쳐가며, 오계(五戒)를 지키고
십선(十善)을 행하였다. 죽어서는 모두 천상에 태어났고, 삼악
도(三惡道)에 떨어지는 사람은 하나도 없었다.

부처님이 아난⁵⁾에게 말씀하셨다. 옛날의 '섬'은 지금의 바
로 나이다.

〔그 부모는 지금의 정반왕, 마야부인이다. 내가 이렇게 빨
리 부처의 지위에 도달할 수 있었던 것은 부모의 은덕과 효양
(孝養)의 힘에 의해서이다. 사람들에게는 저마다 부모가 있다.
효양하지 않으면 안 된다. 세상에는 고귀한 길⁶⁾이 있다. 배우
지 않으면 안 된다. 이 이야기는 "보살섬경"⁷⁾ 및 "육도집경"⁸⁾

---

5) 아난은 석가 10대 제자 중 한 사람으로, 다문(多聞) 제일로 칭송됨.
6) 부처가 되는 길.
7) "불설보살섬자경(佛說菩薩睒子經)"으로, 1권. 서진(西晉)시대 번역, 역
   자불명. 설화 서술은 이것에 의거하였으나, "육도집경"도 많이 활용하

에 실려 있다.] 9)

_____

였음.

8) 오(吳)나라 강승회(康僧會)가 한역한 불교설화집. 이 설화는 제5권에
보임.

9) '그 부모는' 이하의 문장은 한자가나혼합문의 도쿄국립박물관장본에
는 탈락되어 보이지 않는 부분으로, 한문본의 마에다본(前田本)에 의
해 보충한 것임. 뒤의 <불보 찬> 부분도 마찬가지임.

불보 찬讚

〔찬탄(讚嘆)하여 말하면,

높은 산에 올라가지 않으면 하늘이 높은 줄 모른다. 깊은 계곡에 서 보지 못하면 땅이 얼마나 두터운지 모른다.

만일 보살의 길고긴 수행기간인 삼기백겁(三祇百劫)[1] 동안의 수행을 보지 않으면, 무엇으로 부처가 육도·만행(六度·萬行)[2]을 갖춰 있다는 사실을 알 수 있을까?〕

석가여래의 옛날의 수행. 정말 고귀하도다, 감격에 가슴이 메이도다.〕

---

1) '삼기백겁'은 '삼대아승기겁 백대겁(三大阿僧祇劫 百大劫)'의 약칭임. 보살(수행자)이 성불하기까지의 수행기간을 이르는 말. '삼대아승기겁'은 보살이 성불하기까지 경과하는 헤아릴 수 없을 만큼의 긴 세월을 세 가지로 분류한 것. 그리고 '百大劫'은 부수적인 것으로, "삼대아승기겁"의 수행을 마치고 등각(等覺)의 지위에 올라, 부처의 뛰어난 형상인 삼십이상(三十二相)의 복업(服業)을 닦는 기간을 말함.

2) 육도는 육바라밀, 만행은 온갖 수행. 육도만행은 일반적으로 '육바라밀을 완성하기 위한 육바라밀을 비롯한 온갖 수행'이라는 뜻이지만, 저자 미나모토노 타메노리는 이 둘을 구별 짓고 불보의 편찬원리로 활용하고 있음. 즉, 불보 찬의 육도만행은 불보 서문의 '여러 바라밀'·'수많은 수행'과 호응하는 말로, 저자는 제6화까지로 육도설화군을, 제7화 이후로 만행설화군을 구축하고 있는 것을 알 수 있음.

● 눈높 ●

"삼보에" 해설

1. 명칭

"삼보에(三寶繪)"는 모든 이야기에 그림이 동반해 있었는지, 아니면 일부 이야기에만 그림이 있었는지 구체적으로 알 수는 없다. 다만, 대부분의 이야기에 그림을 동반하여 두루마리 그림형식으로 읽혀진 작품으로 추정되고 있다. 그래서 일부 사본에는 이 책명을 "삼보에고토바(三寶繪詞)"로 하고 있는 경우도 있다. 하지만 현재 그림은 모두 산실되고 그 설명문인 본문만 전해져 내려오고 있다. 이런 점에서 "삼보에(三寶繪)"의 중심은 어디까지나 그림에 있었다고 추정되고, 그림(繪)과 글(詞)이 함께 있어야 완전한 작품이라 할 수 있으나, 현재 우리가 접할 수 있는 것은 유감스럽게도 그림이 없는 글로서 뿐이다.

2. 사본 및 주석서

"삼보에"의 사본에는 히라가나본의 나고야시박물관장본, 한자가나혼합문의 도쿄국립박물관장본, 그리고 한문본의 마에

"삼보에" 해설　　123

다(前田)본의 세 종류가 있다. 그 외에 5종의 주석서가 있다. 이들 주석서의 저본으로 삼은 사본은 거의 대부분 한자가나혼합문의 도쿄국립박물관장본이다.

▷ 三宝絵詞, 筆写本, 名古屋市博物館蔵本(関戸本), 1120年 筆写.
▷ 三宝絵, 筆写本, 東京国立博物館蔵本(東寺観智院本), 1273年 筆写.
▷ 三宝絵, 筆写本, 前田本, 1715年 筆写.
▷ 三宝絵略注, 山田孝雄校注, 宝文館, 1951.
▷ 諸本対照三宝絵集成, 小泉弘外校注, 笠間書院, 1981.
▷ 三宝絵詞, 上,下, 江口孝夫校注, 現代思潮社, 1982.
▷ 三宝絵, 東洋文庫本, 出雲路修校注, 平凡社, 1990.
▷ 三宝絵 注好選, 新日本古典文学大系本, 馬淵和夫校注, 新日本古典文学大系, 1997.

　참고로 이 한국어 번역에 있어서는, 위의 8개 판본 중에서 도쿄국립박물관장본을 번역의 저본으로 삼았으며, 누락된 부분이나 오자, 탈자, 그리고 의미가 불분명한 부분 등에 관해서는 그 외의 판본을 참조하였다.

3. 저자

　"삼보에"의 저자 미나모토노 타메노리(源爲憲)의 생년은 미상이며, 몰년(沒年)은 1011년이다. 오랫동안 미노(美濃), 이가

(伊賀) 등 여러 지역의 태수(지방관)를 역임하였고, 가인(歌人)이자 한학자로 유명한 미나모토노 시타고우(源順)를 스승으로 섬겼다. 또한 이 책의 독자인 손시공주 집안의 궁인(宮人)으로 오랫동안 벼슬을 하였다. 일본정형시인 와카와 한학, 그리고 불교에 조예가 깊었던 당대 최고의 문인 중의 한사람이며, 저서에는 다음의 것이 있다.

"구치즈사미(口遊)": 970년 성립, 미나모토노 타메미츠의 맏아들(7세 아동)을 위한 교과서
"삼보에(三寶繪)": 984년 성립, 손시공주의 출가생활을 돕기 위한 불교교양서
"세조쿠겐몬(世俗諺文): 1007년 성립, 후지와라노 요리미치의 명으로, 유교와 불교에 관한 고사성어를 집성한 책

4. 손시 공주(尊子內親王)

손시 공주(966년~985년)의 아버지는 레제(冷泉)천황이며, 카잔(花山)천황은 그녀의 남동생이다. 그녀의 나이 2세 때, 아버지가 즉위하였고, 3세 때는 황제 즉위 때마다 1명씩 임명되던 가모진자(賀茂神社)의 섬김이 궁녀(皇女)로 임명되었다. 4세 때는 정신적인 결함이 있었던 아버지가 양위하였고, 10세 때는 모친상을 당해 가모진자의 섬김이 궁녀 직책에서 내려오

게 된다. 그녀의 나이 15세 때에 엔유우(圓融)천황의 비(妃)로 입궐하였는데, 그녀의 입궐 후 1개월 뒤에 궁궐이 화재로 소실당하는 사건이 발생했다. 그래서 세인(世人)들은 그녀를 히노미야(불 공주)라 불렀다. 그녀의 나이 17세(982년) 때에 돌연 삭발하고 중이 되었다. 984년, 그녀의 나이 19세 때에 미나모토노 타메노리에 의해 "삼보에"가 바쳐졌고, 그해 그녀의 동생인 카잔천황이 즉위하였다. 이듬해인 985년 5월, 향년 20세로 사망한 비운의 공주이다.

5. "삼보에"의 구성

"삼보에"는 '삼보' 즉, '불보' '승보' '법보'에 관련지어 전 3권으로 구성되어 있다. 상권은 옛날(昔)의, 석가모니불(佛)이 수행한 일을 기록하였고, 중권은 중간 무렵(中頃)의, 법(法)이 일본에 전래되어 유포되었던 일을, 그리고 하권은 그 당시 지금(今)의, 스님(僧)들이 연중 수행하는 일을 기록하였다.

上卷 - 佛寶 - 佛 - 昔
中卷 - 法寶 - 法 - 中頃
下卷 - 僧寶 - 僧 - 今

상권은 육도・만행(六度・萬行)이라는 이단구성을 취하지

만, 삼기백겁(三祇百劫)이라는 가공된 시간을 통해 석가모니 불이 부처가 되었던 과정을 서술하고 있다. 제6화까지는 천태종의 육바라밀 관점을 설화적으로 승화시킨 것이며, 제7화 이후는 가공된 시간의 흐름을 의식하여 설화를 배열하고 있다.

중권은 쇼우토쿠태자(聖德太子, 제1화), 에노 우바소쿠(役優婆塞, 제2화), 교기보살(行基菩薩, 제3화) 등, 일본에 불법이 전래되어 전개되는 과정과 영험담을 기록한 것으로, 설화는 등장인물의 시대 순으로 기록되어 있다. 전 18화 중 제4화에서 제17화까지의 14화는 일본 헤이안초기의 한문본 불교설화집인 "니혼료우이키(日本靈異記)에서 취한 것이다.

하권은 당시 수도인 교토를 중심으로 궁중, 큰 절, 민간에서 행해진 주요한 법회(法會)와 불사(佛事) 31개의 내용과 유래를, 1월에서 12월까지의 행사가 행해지는 순으로 배열하고 있다.

이와 같이, "삼보에"는 작품구성과 설화배열에 있어 시간의 흐름을 매우 중시한 작품이다.

돋을새김

『三寶繪』上卷의 生成*

　　젊은 나이에 머리를 깎고 佛門에 들어선 한 가련한 공주, 尊子內親王을 위해 源爲憲(미나모토노노 타메노리)가 984년 저술한 것이 『三寶繪(삼보에)』이다. 『三寶繪』는 『今昔物語集(콘자쿠 모노가타리슈우)』를 비롯한 많은 설화집에 영향을 끼쳤다. 설화문학사에 점하는 본 작품의 위치는 크다.

　　본서는 三卷으로 구성되어 있다. 上卷은 「佛寶」로 석가모니[1]가 前生에 六波羅蜜(六度)등의 菩薩行을 실천한 이야기인 자타카 13개를, 中卷은 「法寶」로 聖德太子・役行者・行基 등의 18인의 行狀과 靈驗을, 그리고 下卷은 「僧寶」로 당시 朝廷・大寺・民間에서 행해지고 있던 1월에서 12월까지의 佛敎年中行事를 서술하고 있다. 이와 같이 『三寶繪』는 三寶의 관

---

* 『日本語文學』第7輯(한국일본어문학회, 1999.9)에 실린 역자 김태광이 발표한 논문이다.
1) 불교의 敎主, 석가모니를 부르는 호칭은 많다. 예를 들어보면, 「釋迦」「釋迦佛」「釋迦牟尼」「釋迦牟尼佛」「釋迦如來」「釋尊」등이다.

점에서 菩薩(修行者)의 修行에 초점을 맞추고 있다. 그 이유를 생각해 보건대, 종래의 論考에서는 너무나도 단순하게만 이해해 왔다는 느낌이 든다. 즉, 本書가 독자인 尊子內親王의 佛道修行을 돕기 위한 것으로서 佛敎入門書적인 성격을 갖고 있기 때문이라고 보는 것이 현재까지의 일반적인 시각이며 더 이상의 追求는 보이지 않는다.

본고에서는 이러한 시각에서 한 발짝 더 나아가, 上中下 三卷 중 上卷을 중심으로, 『三寶繪』가 菩薩의 修行에 초점을 맞추고 있는 이유를 분석·규명해 보고자한다. 결국 이런 고찰은, 일본 최초의 本生譚[2]의 集成인 『三寶繪』上卷이 어떻게 하여 生成되었는지 그 배경을 밝히는 것이 된다. 上卷을 중심으로 분석하는 까닭은 『三寶繪』의 출발이 上卷「佛寶」인 만큼, 上卷의 本生譚을 이해하지 않고는 『三寶繪』를 바르게 이해할 수 없다고 보기 때문이다. 本生譚은 『三寶繪』이전에도 『東大寺諷誦文稿』, 憐昭著 『無量義經疏』, 『宇津保物語』등에 보여, 당시 상당히 流布되어 있었던 것 같다. 하지만, 체계적·조직

---

[2] 본생담은 「자타카」(Jātaka)의 譯語이다. 본생담의 하나 하나를 자타카라 부름과 동시에 텍스트로서 자타카라 말했을 때, 그것은 南傳佛敎에 있어서의 파리語三藏의 經典에 수록되어 있는 본생담의 집대성을 가리킨다. 본생담의 대부분은 당시의 인도에 전해져오는 민간전승을 받아들여 釋迦의 전생이야기로 꾸민 것으로 설화의 寶庫라 일컬어진다. 본생담의 연구에 관해서는 干潟龍祥 『ジャータカ槪觀』(鈴木學術財團, 1979년)이 상세하다.

적으로 本生譚을 集成한 것은 『三寶繪』가 최초이다.

『三寶繪』上卷은 「如來の六度万行」(여래의 六度万行. 上卷讚)이 강하게 의식되어, 前半六話는 「六度」를, 後半七話는 「万行」을 설화 전개한 것이다. 前半의 六度說話群에는 尸毘王·須陀摩王·忍辱仙人·大施太子·正闍梨仙人·拘賓大臣의 설화를, 이어서 後半의 萬行說話群에는 流水長者·堅誓獅子·鹿王·雪山童子·薩埵王子·須太那太子·施無孝子의 설화를 구축해 있다. 이와 같이 二段構成을 취하고 있는 『三寶繪』上卷은 「如來の六度万行」(여래의 六度万行. 上卷讚)의 설화전개인 13개의 本生譚으로 「佛寶」를 구성한다. 上卷의 구성은 이미 拙稿에서 논한 바와 같이[3], 菩薩의 修行階位가 설화적으로 반영되어 거기서 전개되는 세계가 점차 부처의 지위로 접근해 가도록 배열 구성되어 있다. 하지만 그곳에서는 『三寶繪』가 어찌하여 이런 구성을 취하게 되었는지 그 배경을 분명히 하지 못했다. 본고에서는 아울러 그 이유도 명확히 하고자 한다.

---

3) 拙稿 「『三寶繪』上卷の構成 — 菩薩の修行階位の說話的反映 —」(일본, 『國文論叢』제26호, 1998년 3월 31일).

1. 부처가 되는 길

『三寶繪』는 出家의 공덕을 풀면서 독자인 尊子內親王에게 「佛に成る道」(부처가 되는 길)를 찾아 「三歸の緣」(三宝에 歸依하는 인연)을 맺게 하는 것을 목적으로 한다. 특히 上卷은 「菩薩の三祇百劫の勤め」(보살의 三祇百劫[4]의 修行)를 통해서 「佛に成る道」(부처가 되는 길)를 제시하려고 한 것이다.

ただ一日一夜の出家の功徳、諸の事の中に比ひ無し(總序)

(단지 一日一夜의 出家의 공덕이 여러 가지 것 중에서 비교가 될 것이 없을 정도로 뛰어난 것이다)

吉き形も惜しからず、形を捨てて佛の身を願ふべし、今の經に説ける迹を尋ねて、委しく佛に成る道を訪へ(總序)

(좋은 얼굴모습도 아까워 할 필요가 없다. 모습을 버리고 부처의 몸을 바라는 것이 좋다. 현대에 전하는 佛典에 설해져 있는 발자취를 따라 차근차근 부처가 되는 길을 구하라)

もし、菩薩の三祇百劫の勤めを見ずは、何に緣りてか如來の六度

---

4) 三祇百劫은 「三大阿僧祇劫百大劫」의 略으로, 일반적으로 보살(수행자)의 修行期間을 가리킨다. 「三大阿僧祇劫」은 보살이 成佛하기 위한 목적을 달성하기까지 경과하는 헤아릴 수 없을 만큼의 무한히 긴 시간을 세 가지로 분류한 것이다. 그리고 「百大劫」은 「三大阿僧祇劫」의 수행을 마치고 等覺의 지위에 올라, 그 지위에서 부처의 뛰어난 형상인 三十二相의 福業을 닦는 期間을 말한다.

萬行の具はれるを知らむ。釋尊の昔の行ひ、貴きかな、悲しきかな

(上卷讚)

(만약 보살의 三祇百劫의 긴 수행을 보지 않으면, 무엇으로如來 (부처)가 六度萬行을 갖춰 있는 것을 알 수 있을까. 석존의 옛날의 수행 정말 고귀하구나. 감격에 가슴이 메이도다.)

上卷13개의 설화는 「釋尊の昔の行ひ」(釋尊의 過去世의 修行)의 구조를 갖고 있다. 즉, 자타카의 형식을 취하고 있다. 석가모니도 菩薩의 修行을 거쳐 부처가 된 것이기에 「菩薩の三祇百劫の勤め」(보살의 三祇百劫의 修行)는 바꿔 말하면 「釋尊の昔の行ひ」(釋尊의 過去世의 修行)이다. 이 부처의 길은 석가모니가 성불한 길이며, 『佛名經』에서 말하는 一萬三千佛이 부처가 된 길이기도 하다. 또 이 길은 凡夫가 菩薩로 自己轉換해 菩薩行을 닦아 부처가 되는 길인 것이다. 著者爲憲는 불교의 敎主, 석가모니의 菩薩位에 있었을 때의 修行譚을 통해 菩薩이 부처 되는 인연을 제시하려고 했다, 이것이 『三寶繪』上卷이라 본다. 上卷이 의도하는 제일의 목적은 菩薩이 부처 되는 길의 제시이며, 제이의 목적이 석가모니가 부처가 된 인연을 예기하려는 데 있었다고 볼 수 있다. 제1화~제6화는 모두 「菩薩ハ世世ニ○○波羅蜜ヲ行フ」(菩薩은 과거 현재 미래에 ○○波羅蜜을 닦는다)처럼 시작하여 波羅蜜의 해설에 무게를 두고 있

는 점과, 석가의 出世成道譚을 수록하지 않은 점 등에서도 上卷이 얼마나 菩薩의 修行에 초점을 맞추고 있는 가를 엿볼 수가 있다.

왜 著者爲憲는 上卷佛寶에서 菩薩의 修行에 초점을 맞추었을까. 이 문제를 먼저 『三寶繪』의 편찬 동기로부터 살펴보자.

2. 尊子內親王과 悉達太子

『三寶繪』는 永觀二年(984년), 前年에 落髮出家한 尊子內親王(冷泉帝둘째딸이고 圓融帝의 비(妃))에게 獻上한 것이다. 尊子內親王이 궁중에 태어난 것은 康保三年(966년)이다. 그녀는 세 살 때부터 賀茂齊院으로 임명되어 많은 의무와 制約 속에 젊은 날을 보내야 했다. 그녀가 圓融帝의 비(妃)로 궁중에 다시 돌아온 것은 그녀의 나이 15세 때의 일이었다. 그녀가 후궁이 되어 궁중에 들어온 약 한달 뒤에 대궐에 큰불이 일어나는 사건이 발생했다. 『榮花物語』등에는 마치 그녀의 입궐이 화재를 일으킨 것처럼 기술되어 있으며, 세상 사람들이 그녀를 「火の宮」(불 공주)라고 불렀다고 전하고 있다. 天元五년(982년)4월2일, 尊子內親王의 숙부, 光昭가 세상을 떠났다. 세상의

『三寶繪』上卷의 生成　　　135

덧없음을 한탄한 그녀는 그 다음날 스스로 머리를 깎고 불문
에 들어선 것이다. 이런 그녀의 「貴き御心ばへをもはげまし、
しづかなる御心」(존귀한 마음을 격려하고 조용한 마음)을 위
로하기 위해서 『三寶繪』는 만들어진 것이다. 그리고 비운의
그녀가 20세의 짧은 생애를 마친 것은 작품생성의 다음해인
寬和元年(895년)의 일이었다.

　總序 및 佛寶 序文에는 다음과 같이 記述되어 있다.

　(1) 吾が冷泉院の太上天皇の二人に當り給ふ女御子, 春の花貌を
恥ぢ、寒き松聲を讓り、九重の宮に選ばれ入り給へりしかど、五の
濁の世を厭ひ離れ給へり(總序)

　(내가 친하게 모시던 冷泉院의 둘째 따님에 해당되시는 공주님,
봄꽃도 그 모습을 부끄러워하고, 맑디맑은 소나무 소리도 공주님
소리의 아름다움에 양보할 정도이며, 황족으로 태어났지만 五濁의
세상을 비관해 出家하셨다)

　(2) 髮を剃りし事誰れかまた進めし。貴き家より生れ、重き位に
備はりたしかど、蓮の花に宿らむは芳しき契りなれば、怱ぎ法の種
をうへ、月の輪に入らむは高き思ひなれば強ひて戒の光を受けて
き(總序)

　(머리를 깎는 것을 누가 또 進言했다는 말인가. 그런 일은 없었
다. 귀한 가문에 태어나, 높은 지위를 가지고 있었지만, 부처의 세
계를 구하는 것은 좋은 인연이기에, 서둘러 불법의 인연을 심고,

또 菩提의 세계에 들어가는 것은 가치 있는 생각이기에, 큰마음으로 부처의 계율을 받은 것이다)

(3) 我が釋迦大師昔凡夫にい坐せし時に、三大阿僧祇の間に衆生の爲に心を發し、三千大千界の中に芥子許も身を捨て給はぬ所無し。方に今、王宮の内に生まれて五慾を厭ひて父を別れ、道樹の下に往きて四魔を隨へて佛に成り給へり。(中略)三十二相・八十種好外に明なり(上卷序)

(釋迦大師가 아직 凡夫로 계셨을 적에 三大阿僧祇라는 헤아릴 수 없을 만큼의 오랜 기간 중생을 위하여 佛道修行의 마음을 일으켜 三千大千界라는 넓은 세계 안에 조금이라도 몸을 희생하지 않은 곳이 없다. 그러했기에 왕궁 안에 태어나 五慾을 마다하고, 父君과 헤어져 菩提樹 밑에서 魔道를 물리치고 부처가 되신 것이다. 三十二相・八十種好는 밖으로 명확히 드러나 계시었다)

(4) 願はくは、此の志しを以ちてまた後の世にも引導かれ奉らむ事、喩へば、淨飯王の御子の佛に成り給へりし時、古くより仕まつれる嬌陳如がまづ人より先に度されしが如くならむ(總序)

(원컨대, 이 뜻에 의하여 후세에도 인도 받기를, 예컨대, 淨飯王의 아들이 부처가 되었을 때 옛날부터 섬겨온 嬌陳如가 다른 사람보다 먼저 득도한 것처럼 되고 싶은 것이다)

著者爲憲는 (1), (2)에서 尊子內親王이 王宮에 태어난 고귀한 신분인 점, 형상이 뛰어난 점, 그리고 그녀의 出家는 세상을 비관한 自發的인 점을 서술하고 있다. 이것은 (3)에서 석가모니가 왕궁에 태어나 세상을 비관해 出家한 것과 유사하다. 또한 (4)에서는 尊子內親王을 「淨飯王の御子」, 즉 석가모니의 成道전의 이름인 悉達太子에 비유하고, 자기자신을 석가모니의 苦行때부터 섬기고 成道하신 후 제일 먼저 敎化를 받은 嬌陳如에 비유하고 있다.

(讀者)尊子內親王 — 悉達太子
(著者)源爲憲   — 嬌陳如

　著者爲憲는 이와 같이 尊子內親王과 悉達太子의 今生에 걸은 코스의 類似를 강하게 의식하여 서술한다. 이것은『三寶繪』의 독자인 尊子內親王에게 成佛道의 보증을 감성으로 느끼게 하여, 한편으로는 尊子內親王의 「しづかなる御心」(조용한 마음)를 위로하고, 한편으로는 「貴き御心ばへ」(고귀한 마음)를 격려하면서 「佛に成る道」(부처가 되는 길)에 인도하려는 의도로 볼 수 있다.

　석가모니는 인간계에 태어나기 전에는 兜率天의 內院에 사는 菩薩이었다. 그 菩薩을『過去現在因果經』『釋迦譜』에는 「聖善菩薩」,『佛本行集經』에는 「護明菩薩」,『今昔物語集』는 「釋迦菩薩」이라고 하는 것이 바로 그것이다. 過去世에 있어서 항시 菩薩道를 행해 마침내 그 果報를 실현할 때가 온 것이다. 王家에 悉達太子로 태어나 세상의 허무를 깨달아 出家, 修行을 해서 불교를 창시한 것이다. 석가모니의 八相成道를 말하는 佛傳佛書는 어느 것이나, 悉達太子의 出家후는 菩薩로 칭하고 그와 같이 인식한다. 尊子內親王도 王家에 태어난 고귀한 분이며, 悉達太子가 겪은 길과 유사를 인정할 경우, 정도의 차이는 있겠지만 菩薩 또는 菩薩에 준한 관념이 생기는 것은 그다지 이상할 것은 없다. 일본에서 지극히 존중받은 『法華經』의 「提婆達多品」에는, 석가모니를 죽이려고까지 한 惡人提婆達多조차도 成佛 할 수 있다고 하며, 또한 용왕의 八歲의 딸의 成佛, 즉 龍女成佛의 이야기를 說하여 종래의 여성의 편견에 대항하고 있다. 이러한 관점에서 보면, 비록 尊子內親王이 여성이라 하더라도 成佛을 하는 데는 그다지 문제가 되지 않는다고 보아야 할 것이다.

上卷에 수록된 13개의 本生譚은 석가모니가 菩薩로서 修行했던 「三祇百劫の勤め」(三祇百劫의 修行)를 설화 전개한 것이다. 그것은 바꿔 말하면, 석가모니의 부처 된 길이었다. 著者爲憲는 上卷에서 독자인 尊子內親王에게 부처가 되는 길을 제시함에 있어서 석가모니의 因位時의 修行을 규범으로 삼았던 것이다. 이 시대는 淨土敎가 번성한 시기였고, 실제로 著者爲憲가 맴버로서 가담했던 勸學會는 念佛結社의 집단이었다. 그럼에도 불구하고 석가모니의 前生時의 이야기인 本生譚으로

上卷佛寶를 구성한데는 서술해온 바와 같이 悉達太子와 尊子 內親王의 境遇의 유사를 강하게 의식한 것이, 그 한 원인으로 보여진다.

또 다른 면을 著者爲憲의 신앙에서 찾아보자.

3. 天台의 菩薩道

著者爲憲가 신봉한 것은 天台이었으며, 尊子內親王이 歸依한 것도 그곳이었다. 天台宗은 중국의 智者大師 智顗을 高祖로 하고 比叡山을 開創한 伝敎大師 最澄를 宗祖로 하는 종파이다. 특히, 사람 동물 뿐 아니라, 식물 돌조각까지 佛性을 인정하는 悉有佛性說로 유명하며, 佛敎思想 면에서 일본에 지대한 영향을 끼친 것은 주지의 사실이다. 天台系에 있어서 석가모니의 因位時의 修行은 다른 종파보다도 큰 의미를 가지고 있었다. 석가모니의 因位時의 修行은 菩薩의 修行規範으로 간주된다. 예를 들면, 「天台ノ心ハ、一切ノ菩薩ノ修行ヲバ釋尊ノ因行ト習フ」(天台宗에서의 모든 보살의 수행은 석존의 因位行에서 배운다.『觀經疏弘深抄』卷八),「釋迦ヲ以テ三世ノ佛菩薩ノ規範ト爲ル」(석가모니를 가지고 과거현재미래의 불보

살의 규범으로 삼는다. 『宗要抄』卷四末)처럼, 菩薩道의 규범으로서 석가모니의 因位時의 修行을 바라보고 있는 것이다. 특히 六波羅蜜의 완성에 얽힌 석가모니의 前生이야기는, 菩薩道와 깊이 결부되어 天台系에서는 반복 답습되어 내려왔다. 六波羅蜜行과 本生菩薩의 결합의 시초는 『大智度論』(卷四)에서 볼 수 있다. 이것은 天台大師의 『四敎義』을 비롯해, 『天台四敎義』, 『天台法華宗義集』 등에 답습되어 내려왔으며, 『金澤文庫本佛敎說話集』(佛傳冒頭), 西敎寺正敎藏 『菩薩六ハラ蜜』 등의 天台系 설화집에도 설화적으로 반영되어 왔다. 본고의 고찰대상인 『三寶繪』는 설화집으로서는 최초로 그것을 반영한 것이다. 덧붙여, 南都成立이 유력시되는 『今昔物語集』, 南都成立의 東大寺圖書館藏 『釋迦如來釋』 · 『三國傳燈記』 등에는, 이러한 本生譚이 수록되어 있지 않음을 밝혀둔다.

이와 같이 天台系에 있어서는 本生譚이 菩薩道와 깊이 연관되어 菩薩行의 규범으로 우러러 받들어지고 있다. 天台敎理에 밝았던 著者爲憲으로서는 菩薩道의 규범으로서 『三寶繪』 上卷에 本生譚을 集成하게 된 것이다.

여기까지 분석한 것을 종합해 보면, 著者爲憲가 本生譚을 갖고 上卷을 구성한대는, 「佛に成る道」(부처가 되는 길), 尊子內親王과 悉達太子의 境遇의 類似, 그리고 天台敎理에 입각한 菩薩道를 강하게 의식함에 그 주된 원인을 찾아 볼 수 있다.

上卷은 菩薩의 修行에 초점을 맞추고 있다. 석가모니 因位時의 修行은 독자에게 있어서는 菩薩道의 규범이자, 부처가 되는 길의 제시였음은 물론이다. 그런데 著者爲憲에게 있어서 菩薩行은 또 다른 큰 의미를 갖고 있었다.

4. 佛國土意識

단순화해서 말하면, 대승불교에 있어서 보살사상은 二面을 갖고 있다[5]. 원래 菩薩이라는 것은 석가모니의 前生時의 修行 중의 상태를 지칭해서 말한 것인데, 그것이 일반화되어 누구라도 석가모니의 前生처럼 菩提心을 일으켜 自利利他의 보살행에 힘쓰면 菩薩이고 언젠가는 부처가 될 수 있다. 이 경우 석가모니를 비롯한 諸佛・諸菩薩은 우리에겐 소위 규범이 된다. 그러나, 한편 이와 같은 菩薩의 修行은 말하기는 쉬워도 실제로는 극히 힘들어 우리들 凡夫에게는 도저히 실현할 수 있는 그런 이야기는 아니다. 그래서 自利利他의 誓願을 세워 그 곤란한 修行을 성취한 부처랑 혹은 그 실현이 멀지 않은 高位의 菩薩들의 구제력에 의지해 우리들도 끌어 올려 받고자

---

5) 中村元編著 『新佛敎語源散策』(東京書籍, 1986년 2월)의 「淨土」條참조. 담당은 末木文美士씨.

하는 절실한 소망이 싹튼다. 소위 他力이라는 사고방식이다.

일본에서는 淨土宗·淨土眞宗등 시대가 내려감에 따라 第二의 사고방식에 근거한 사상이 보다 강조되었다고 보여지는데, 上卷佛寶에 한해서 말하면 淨土敎[6]의 영향은 거의 느껴지지 않는다. 물론 著者爲憲는 勸學會 멤버의 일원이었고, 그 당시 淨土敎가 상당히 번창한 것도 사실이다. 하지만 上卷佛寶에 있어서의 菩薩思想은 第一의 사고방식에 근거하고 있는 것을 알 수 있다.

極樂淨土따위는 앞의 佛菩薩에 관한 第二의 사고방식에 근거한 것이다. 그러나 당연히 第一의 사고방식에 근거한 淨土思想도 있을 터이다. 실제로 般若經典을 비롯한 많은 대승경전에는 菩薩들이 항시 淨佛國土에 힘쓴다고 說하고 있다. 佛國土를 淨하게 하는 과정이라는 것은, 요컨대 菩薩들이 菩提心을 일으켜 自利利他의 修行에 애써 가는 과정인 것이다. 佛國土는 菩薩의 誓願과 修行에 의해 세워진 나라로, 大乘의 菩薩은 모든 것이 구제되는 세계로서의 佛國土의 건설을 위해 모든 노력을 경주하지 않으면 안 된다. 이와 같이 현실 속에서 佛道實踐에 힘쓰는 菩薩의 임무로서 세워진 것이 淨佛國土이다.

---

6) 阿彌陀佛이 있는 西方의 極樂淨土에 往生하는 것을 說하는 敎. 淨土敎는 淨土三部經인 『無量壽經』『觀無量壽經』『阿彌陀經』을 根本經典으로 한다. 일본에서는 중세에 淨土宗, 淨土新宗이라는 종파가 성립했다.

오로지 菩薩精神만을 강조하는 것으로는 『維摩經』이 있다[7]. 그곳에는 空觀과 大慈悲의 融一을 說하고 있다. 「生死を厭わず, 涅槃を恐れず」(생사를 꺼리지 않고 열반을 두려워하지 않고)라는 大乘菩薩의 정신은 필경 空觀과 大慈悲의 融一 위에서 가능할 것이다. 그 「佛國品」에 「十善是れ菩薩の淨土なり」(十善 이것은 보살의 정토이다)라고 보여, 『維摩經』에 있어서의 菩薩精神의 실천은 佛國의 建設임을 알 수 있다.

『三寶繪』는 總序에

飾れる家も罪を結びけり。家を出でて佛國を求むべし。

(화려하게 꾸민 집을 만드는 것도 죄를 짓는 원인을 만드는 것이다. 집을 버리고 佛國을 구해야 한다.)

라 하여 佛國을 기술하고 있다. 『三寶繪』는 尊子內親王에게 부처가 되는 길을 제시하고 있다. 따라서 여기서 말하는 佛國은 阿彌陀佛이 있는 西方淨土는 아닐 것이다. 그렇다면, 그것은 보살의 誓願과 修行을 통해 건설되는 佛國·佛國土가 아닌가! 『三寶繪』는 上卷佛寶의 最終話인 제13화를 施无孝子譚으로 장식하고 있다. 이 이야기의 根底에는 孝子施无가 十善을 닦아 그 결과 그 나라 국민전체가 十善을 行하게 된 것으로

---

7) 金子大榮씨 「菩薩精神の實踐」(『日本佛教史觀』, 春秋社, 1979년 10월)참조.

이야기되어 있다.

心に十善を好み、丁寧に二人の親に仕う奉りき。

(마음에 十善을 좋아하여 정성을 다하여 부모를 모셨다.)

國の内の諸の民、施无が如くに心を發して、上下相ひ敎へつつ、五戒を持ち十善を行ひ、死ぬればみな天に生まれて、三惡道に入る物無かりき。

(국내의 모든 사람들은 모두 施无처럼 마음을 일으켜, 上下의 계층 모든 사람들이 서로 가르치면서 五戒를 지키고 十善을 행하여, 죽어서는 모두 天上에 태어났으며, 三惡道에 떨어지는 사람은 없었다)

이와 같이 국민전체가 十善을 행했다는 것은, 말하자면 佛法國家가 된 셈이며, 또 그것은 『維摩經』「佛國品」에 說해져 있는 「十善是れ菩薩の淨土なり」(十善 이것은 보살의 정토이다)의 菩薩淨土이며, 더 나아가서는 菩薩精神의 실천이 그 理想으로 하는 佛國이 된 셈이다. 이 제13화는 지금까지의 연구에 있어서는 六波羅蜜 또는 佛道와는 관계가 없는, 上卷佛寶에서는 느낌을 달리하는 설화로서 취급되기 일 수였다. 그러나 여기까지 서술해온 바와 같이 上卷佛寶를 菩薩行의 실천이라는 관점에서 다시 보면, 菩薩行의 실천이 그 理想으로 하는, 말하자면 佛國이 된 이야기로 대미를 장식하고 있어, 적당한

곳에 적당한 이야기가 놓여져 있음을 알 수 있는 것이다. 즉 著者爲憲의 菩薩思想에 佛國土意識이 내재되어 있으며, 上卷 佛寶의 구성에 그것이 반영되어 있는 것이다.

『三寶繪』는 도처에서 지금의 세상이 末世이며 지금이야말로 불법에 귀의할 때라고 설하고 있다. 몇 개의 예를 아래에 인용해 둔다.

釋迦牟尼佛隱れ給ひて後, 一千九百三十三年に成りにけり。像法の世に有らむ事, 遺る年幾もなし。(中略)いそぎて仏を念じ法を聞き僧を敬はむ事, ただ近來のみなり。(總序)

(석가모니불이 入滅하신지 一九三三년이 경과되었다. 像法의 세계에 살 수 있는 것도 이제 몇 년 남지 않았다. (중략)서둘러 부처가 되길 염원하고 佛法을 듣고 승려를 공경해야 한다)

くらきよりくらきに入りて, 心のまどひさかりにふかく, 身のつみいよいよをもきすゑのよに, もしかみをそり, 衣をそめたる凡夫の僧いまさざらましかば, 誰れかは佛法をつたへまし。衆生のたのみとはならまし。(僧宝序)

(어두운 세계에서 어두운 세계로 들어가, 마음의 방황만이 깊고, 몸의 죄는 점점 더 무거운 末世에, 만약 머리를 깎고 法衣를 입은 범부의 승려가 없다면 누가 있어 불법을 전할 수 있을까? 또 누가 있어 중생이 의지할 수 있겠는가?)

이러한 「するの世」(末世)의 혼란과 불행을 극복하고 모든 사람들의 절대구제를, 編者爲憲는 보살행의 실천에서 구하고 있었던 것이다. 『三寶繪』가 성립된 이듬해에는 淨土信仰의 대표적 典籍인 源信의 『往生要集』가 만들어졌고, 往生伝의 先驅的 존재인 『日本往生極樂記』의 初態本도 이미 만들어져 있었다. 이와 같이 『三寶繪』의 시대는 淨土敎가 번성한 시대였다. 그럼에도 불구하고, 『三寶繪』는 석가모니가 전생에 利他의 菩薩行을 실천한 이야기인 본생담으로 上卷을 구성하고 있는 것이다. 그리고 『三寶繪』에 현저히 드러나는 佛國土意識이 『往生要集』랑 『日本往生極樂記』등에는 희박한 것이다.

위에서 살펴본 바와 같이, 『三寶繪』는 도처에서 菩薩修行의 고귀함을 강조한다. 尊子內親王의 出家는 「貴き御心ばへ」(고귀한 마음. 總序)이며, 『三寶繪』에 수록한 것은 「あまたの貴き事」(수많은 고귀한 이야기. 總序)였다. 또한 「釋尊の昔の行ひ、貴きかな、悲しきかな」(釋尊의 過去世의 修行, 정말 고귀하구나, 가슴이 메이도다. 上卷讚), 「僧の勤むる諸の事、貴きかな、尊きかな」(승려의 修行하는 모든 것이 고귀하구나, 고귀하구나. 下卷讚)처럼 菩薩行의 고귀함을 강조한다. 왜 고귀한가 하면, 그것은 부처가 되는 길임과 동시에 佛國土를 실현하는 길이었기 때문이다. 즉 著者爲憲는 「するの世」(末世)의 극복을 菩薩行의 實踐에 구하고 있었던 것이다.

『三寶繪』上卷의 生成　　147

上卷佛寶의 설화배열에는 보살의 修行階位가 설화적으로 반영되어 있다.8) 그 이유로서 먼저 지적할 수 있는 것은 著者 爲憲의 思想이다. 즉, 그는 菩薩行의 실천이 바로 理想의 佛國土실현으로 보고 있었던 것이다. 著者爲憲는 中卷의 最終話에도 孝養譚을 배치해 上卷과 對應을 보인다. 그 大安寺榮好譚(中卷제18화)은 中卷에서는 유일하게『日本靈異記』에 依據하지 않은 것으로 그 존재가 주목되는 이야기이다. 본 설화는 法華八講의 시초와 널리 퍼진 경과를 서술한 뒤,「この後に、寺々またみなはじめ、所々にあまねくひろまる」(그 이후에 모든 절에서도 또 시작하여 곳곳에 널리 퍼졌다)라고 서술하는 등, 中卷의 최종적 전개로 選擇・配置되어 그곳에는 佛法國家가 의식되어 있다고 여겨지는 것이다.

著者爲憲는 석가의 八相成道에는 별로 관심이 없었던 것 같다. 그는 석가모니의 過去世의 이야기만을 集成하고, 그 유명한 석가모니의 今生에 있어서의 出世成道譚은 수록하려고 하지 않았다. 단지「六度萬行」이라는 보살의 수행에만 관심이가 있다. 利他의 菩薩行의 실천이야말로「仏に成る道」(부처가되는 길)임을『三寶繪』上卷佛寶는 이야기하고 있다. 요컨대利他의 菩薩行의 實踐이야말로 부처가 되는 길이며, 佛國土를

_____

8) 注3)의 拙稿.

만드는 길이라고 그는 보고 있었던 것이다. 즉, 著者爲憲에게는 菩薩로서의 석가모니가 가장 중요한 課題였다.

이와 같이 『三寶繪』上卷의 本生譚은, 독자 尊子內親王의 佛道修行에 대한 배려와, 著者爲憲의 불교사상이 조화롭게 어우러진 데서 生成가능했던 것이다.

본생설화집을 통한
한일문화의 비교 연구[*]

　본 연구는 한일 본생설화집의 대표작이라 할 수 있는『釈迦如来十地修行記』와『三宝絵』의 불교 사상사적 혹은 문화사적 비교연구를 시도한 것이다.『三宝絵』상권은 현존 일본최초의 정돈된 본생설화계 불전문학이며,『釈迦如来十地修行記』는 현존 한국최초의 본생설화계 불전문학이다. 이와 같은 한일 본생설화집의 비교고찰은 양국에서 볼 수 있는 기존의 인도·중국 일변도의 비교연구 관점에서 벗어나 새로운 관점에서 한일불전문학, 나아가 한일문화의 특질을 재조명하는 하나의 단서를 제공해 줄 것이다. 본 연구의 목표로서는, 일차적으로 이러한 양 작품의 비교분석을 통하여 한일간의 서로 다른 사상사적, 혹은 문화사적 구조의 일면을 밝혀내는 것이며, 이차적

---

[*]『日語日文研究』第47輯(한국일어일문학회, 2003.11)에 실린 역자 김태광이 발표한 논문이다.

으로는,『釈迦如来十地修行記』와의 비교연구를 통해서, 일본 최초의 불전문학(본생설화계)인『三宝絵』상권의 구성에 있어서, 보살(수행자)의 수행계위가 설화적으로 반영되어 있다는 설을 확정짓는 데에 있다.

1.『三宝絵』상권과 『釈迦如来十地修行記』의 개요

①

먼저『三宝絵』상권과『釈迦如来十地修行記』의 개요를 정리해 보면 다음과 같다.

	三宝絵 상권	釈迦如来十地修行記
편자	源為憲	미상
성립시기	永観2년(984)	고려 충숙왕 15년(1328)
구성	전체 13화를 보살도의 규범인 六度 · 万行으로 二段구성	전체 10화를 보살의 수행계위인 十地에 맞춰 구성
성격	본생설화계 불전	본생설화계 불전

불교입문서의 성격을 갖고 있는『三宝絵』는 일본 최초의

가나설화집이자 후대에 많은 영향을 끼쳐 일본설화문학사상
큰 위치를 점하고 있는 작품이다. 『三宝絵』는 三宝(仏法僧)의
견지에서 보살도를 追求해, 그 상권<仏法>에는 보살도의 규
범으로서 전체 13화의 불교의 교주, 석가모니의 前生이야기인
본생설화1)로 이루어져 있다. 가히 일본 본생설화의 宝庫라 할
수 있다. 상권은 二段구성을 취하는데, 상권 말미의 <讚>에
서 말하는 「如来의 六度万行」이 강하게 의식되어, 전반6화는
六度(六波羅蜜)를, 후반7화는 万行(온갖 수행을 닦는 것)을 설
화 전개한 것이다.2)

한편 『釈迦如来十地修行記』는 고려충숙왕 15년에 초간된
귀중한 불전작품으로, 비록 고려말기에 형성되었으나, 당시
유통되고 있는 話本의 원형은 적어도 신라말기까지 그 형성시
기를 소급할 수 있는 자료이며,3) "영웅의 일생"을 지향하는 통
속소설의 완벽한 전기적 유형을 전개시킨 본생설화계 불전문
학이다.4)

---

1) 본생설화는 본생담이라고도 하나, 여기서는 본생설화로 통일한다. 본
   생설화는 「자타카」(Jātaka)의 訳語로, 그 대부분은 당시의 인도에 전해
   져오는 민간전승을 받아들여 釈迦의 전생이야기로 꾸민 것이며, 설화
   의 宝庫라 일컬어진다. 본생담의 연구에 관해서는 干潟龍祥 『ジャー
   タカ概観』(鈴木学術財団, 1979)이 상세하다.
2) 拙稿, 三宝絵 上巻の構成 - 菩薩の修行階位の説話的反映 -, 『国文論叢』
   第26号, 1998.
3) 史在東, 『仏教系 国文小説의 研究』, 中央文化社, 1994.
4) 朴炳東, 「<釈迦如来十地修行記> 研究」, 忠南大 博士学位論文, 1997.

『釈迦如来十地修行記』는 불교에서 말하는 보살의 修行階位의 하나인 「十地」에 맞춰 전체 10화로 구성되어 있는데, 석가의 現生을 다룬 제10화를 제외한 제9화까지가 석가의 前生에 얽힌 본생설화여서 실로 한국 본생설화의 宝庫라 할 수 있는 작품이다.

②

다음으로 『三宝絵』상권과 『釈迦如来十地修行記』에 수록된 설화를 비교해 보자. 『三宝絵』상권은 前半의 六度説話群에서 각 波羅蜜의 설명과 더불어 다음의 尸毘王・須陀摩王・忍辱仙人・大施太子・正闍梨仙人・拘賓大臣의 설화를 순서대로 배치하고, 이어서 後半의 万行説話群에는 流水長者・堅誓獅子・鹿王・雪山童子・薩埵王子・須太那太子・施無孝子의 전체 13화를 구축해 있다. 『釈迦如来十地修行記』는 「十地」에 맞춰 전체 10화, 즉 善色鹿王・忍辱太子・布施国王・捨身太子・忍辱仙人・善友太子・忍辱仙人・金牛太子・善慧童子・布施太子・悉達太子로 구성되어 있다. 이를 도표화 해보면 다음과 같다.

三宝絵　상권		釈迦如来十地修行記	
제1화	尸毘王 - 壇(布施)波羅蜜	제1지	善色鹿王
제2화	須陀摩王 - 持戒(尸羅)波羅蜜	제2지	忍辱太子
제3화	忍辱仙人 - 忍辱(羼提)波羅蜜	제3지	布施国王
제4화	大施太子 - 精進(毘梨耶)波羅蜜	제4지	捨身太子
제5화	尚闍梨仙人 - 禅定(三昧)波羅蜜	제5지	忍辱仙人
제6화	劬賓大臣 - 般若(智慧)波羅蜜	제6지	善友太子
제7화	流水長者	제7지	金牛太子
제8화	堅誓獅子	제8지	善慧童子
제9화	鹿王	제9지	布施太子
제10화	雪山童子	제10지	悉達太子
제11화	薩埵王子		
제12화	須太那太子		
제13화	施無孝子		

　　먼저 두 작품에 수록된 설화의 차이점으로 지적할 수 있는 것은 『釈迦如来十地修行記』에 비해, 大臣, 長者, 孝子 등 『三宝絵』에 수록된 설화가 보다 다양하다는 점이다. 이런 점은 후술의 작품구상과도 관련이 있지만, 석가인식 즉 석가를 바라보는 시각이 한국보다는 일본이 보다 다양하다고 볼 수 있을 것 같다. 그리고 『釈迦如来十地修行記』는 석가의 出世成道

譚, 즉 悉達太子譚을 가지고 있으나, 『三宝絵』에는 해당 설화가 없는 점 또한 양 작품의 큰 차이점이다.

한편, 두 작품은 다음과 같은 점에서 많은 공통점을 갖고 있어, 비교연구 가치가 매우 높다고 판단된다. 그 중 몇 예를 들어보면, 첫째로, 두 작품은 忍辱仙人, 大施太子(善友太子), 鹿王(善色鹿王), 薩埵王子(捨身太子), 須太那太子(布施太子)이야기 등의 共有설화를 5개나 가진 데다, 불전문학사상 양국에서 비교적 초기에 형성된 본생설화계 불전작품인 점, 둘째로, 뒤에서 검토하게 되겠지만, 양 작품의 설화배열구성에는 방법은 다르지만 공히 보살(修行者)의 修行階位가 설화적으로 반영되어 있다는 점을 들 수 있다. 셋째로, 양 작품처럼 본생설화로 修行階位를 의식해 체계적인 구성아래 설화 서술된 작품은, 불교 면에서 양국에 지대한 영향을 끼친 한역경전의 종주국인 중국에서조차 찾아볼 수 없을 뿐만 아니라, 한일 양국에서도 하나씩밖에 보이지 않는 귀중한 자료로 비교연구가치가 매우 높다고 생각된다. 이렇게 소중한 양 작품인 만큼, 이들의 비교고찰은 단순한 양국의 본생설화의 비교고찰을 뛰어 넘어, 그 자체만으로도 큰 의미를 지닌다고 생각한다. 그럼, 이제부터 본격적으로 이들 작품이 어떻게 생성되었고 어떤 불교사상에 근거하고 있는지 이하에서 검토해 보도록 하자.

2. 『三宝絵』와 『釈迦如来十地修行記』의
   생성배경

①

젊은 나이에 머리를 깎고 仏門에 들어선 한 가련한 공주, 尊子内親王(冷泉帝둘째딸이고 圓融帝의 비(妃))를 위해 미나모토노 타메노리(源為憲)가 984년 저술한 것이 『三宝絵』다.

『三宝絵』는 도처에서 지금의 세상이 末世이며 지금이야말로 불법에 귀의할 때라고 설하고 있다. 몇 개의 예를 아래에 인용해 둔다.

釈迦牟尼仏隠れ給ひて後, 一千九百三十三年に成りにけり。像法の世に有らむ事, 遺る年幾もなし。(中略)いそぎて仏を念じ法を聞き僧を敬はむ事, ただ近来のみなり5)。(総序)

(석가모니불이 入滅하신지 一九三三년이 경과되었다. 像法의 세계에 살 수 있는 것도 이제 몇 년 남지 않다. (중략)서둘러 부처가 되길 염원하고 仏法을 듣고 승려를 공경해야 한다)

くらきよりくらきに入りて, 心のまどひさかりにふかく, 身のつみいよいよをもきするのよに, もしかみをそり, 衣をそめたる凡夫の僧いまさざらましかば, 誰れかは仏法をつたへまし。衆生

---

5) 『三宝絵』의 본문인용은 東洋文庫本 『三宝絵』(平凡社, 19900)에 의한다.

のたのみとはならまし。(僧宝序)

(어두운 세계에서 어두운 세계로 들어가, 마음의 방황만이 깊고, 몸의 죄는 점점 더 무거운 末世에 만약 머리를 깎고 法衣를 입은 범부의 승려가 없으면 누가 있어 불법을 전할 수 있을까. 누가 있어 중생이 의지할 수 있겠는가)

『三宝絵』는 菩薩(修行者)의 수행에 초점을 맞추고 있다. 석가의 因位時의 수행은 독자에게 있어서는 보살도의 규범이자, 부처가 되는 길의 제시였음은 물론이다. 즉 著者為憲는 「すゑの世」(末世)의 극복을 보살행의 실천에 구하고 있었던 것이다.

②

14세기 고려는 정치, 사회, 경제적인 면에서뿐만 아니라 사상사적인 측면에서도 대단히 혼란스러운 양상을 드러내고 있었다. 元의 간섭과 공출, 홍건적과 왜구의 잇단 침략, 귀족들과 결탁한 사원의 비대화와 세속화 현상 등, 『釈迦如来十地修行記』가 간행된 14세기전후는 내부적으로는 불교의 문제를 되짚는 새로운 자정운동으로서의 결사가 활발하게 일어났던 시기였다.[6]

한 예로 신앙결사단체인 白蓮社 계통의 雲黙無寄는 당시의

---

6) 蔡尚植『高麗後期 仏教史研究』, 一潮閣,, 1995.

본생설화집을 통한 한일문화의 비교 연구 157

사회를 末法시대로 인식하고, 참담한 현실에 있던 민중들에게 염불공덕을 강조하여 실천적 정토신앙을 제시하였다(金炯佑, 元 간섭기 고려불교계의 동향).[7] 이러한 末世, 末法의식이 불교의 교주 석가를 되돌아보게 만든 계기가 되었다고 보인다. 아래에 석가의 탄생과 현재의 시간경과를 서술한 일례를 들어 예기를 계속해 보도록 하자.

석가가 서천축 중인도 가유라국에 태어난 것을 살펴보면, 동주 소왕 24년 갑인년 4월 8일에 태어났으니, 오늘날 무진 대정 5년 에 이르기까지 39개 갑인에 15년을 더하면 2455년이 지난지라. 주나라 목왕 59년 임신년 2월 15일에 입적하니, 오늘날 무진 태 정 5년에 이르기까지 39개 임신에 59년을 빼니 2276년이 지났도 다[8]. (『釈迦如来十地修行記』본문 제10지 말미, 원본문- 漢文, 필 자역)

이런 점에서 보면, 운문중심의 불전문학인 雲黙無寄의 『釈 迦如来行蹟頌』 또한 우연히도 『釈迦如来十地修行記』와 같이 고려 충숙왕 15년(1328)에 찬술·간행되었다는 점도 참고가 될

---

7) 金炯佑, 「元 간섭기 고려불교계의 동향」, 『韓国仏教史의 再照明』, 불 교신문사편, 1994.
8) 『釈迦如来十地修行記』의 본문인용은 高麗大 所蔵本(木版本, 1660)에 의함.

것이다. 『釈迦如来十地修行記』는 날로 타락되어 가는 승려에게 바람직한 보살행의 규범으로서 석가의 보살도를 제시하고 있으며, 당시 도탄에 빠져있는 중생들을 구제하는 길을 利他의 보살행의 실천에서 찾고 있었다고 추정된다.

③

이상, 『三宝絵』와 釈迦如来十地修行記』의 생성배경에 관해 고찰해 보았다. 먼저 『三宝絵』와 『釈迦如来十地修行記』의 유사점으로 지적할 수 있는 점은 공히 바람직한 보살행의 규범으로서 석가의 보살도를 제시하고, 末世극복을 利他의 보살행의 실천에서 찾고 있다는 점이다.

『三宝絵』와 『釈迦如来十地修行記』의 차이점으로는 『三宝絵』는 젊은 나이에 머리를 깎고 仏門에 들어선 한 가련한 공주, 尊子内親王 한 개인에게 보살도의 규범을 제시하기 위해 찬술한 반면, 『釈迦如来十地修行記』의 찬술목적은 날로 타락되어 가는 승려들에게 바람직한 보살도의 규범을 제시하려는 일종의 경종의 의미를 내포하고 있다는 점이다.

3. 『三宝絵』와 『釈迦如来十地修行記』의 地盤

①

『三宝絵』의 사상적 지반이 天台宗이라는 점은 이미 밝혀져 일반화되어 있기 때문에 『三宝絵』의 사상적 지반 검토는 여기서는 생략한다. 다만 구성원리 면에서는 異見이 있어 여기서 잠시 언급하고자 한다. 二段構成을 취하고 있는 『三宝絵』상권은 「如来の六度万行」(여래의 六度万行. 上巻讃)이 강하게 의식되어, 前半六話는 「六度」(六波羅蜜)를, 後半七話는 「万行」을 설화 전개한 것이다. 필자는 최근에 『三宝絵』상권의 後半 「万行」설화군의 배열구성에 있어서, 기존의 「連想意識」説과는 달리, 보살의 수행계위가 설화적으로 반영되어 있음을 연구사상 처음으로 논한 바 있다.[9]

②

十地説이란 대승불교에서 말하는 理想的 人間인 보살이 궁극적인 깨달음, 즉 成仏에 이르기까지의 수행과정을 10단계로 정리하여 조직한 것이다. 대체로 本生보살의 実践道에서 비롯된 보살도는 十地説로 되어 大事十地, 本業十地, 般若十地로

---

9) 注1)의 拙稿 참조. 連想意識説은 出雲路修씨의 「解説」(『三宝絵』, 東洋文庫本・平凡社, 1990)이 가장 체계적이다.

이어지면서 발전을 거듭하여 華嚴十地에 이르러 보살도 사상의 절정을 이루어 완전한 틀을 갖추게 되었다.[10] 이외에도 瑜伽唯識学派의 所依経典인 解深密経에는 唯識観의 실천을 바탕으로 새로운 형태의 十地説이 설해져 있으나, 그 내용이 지극히 간단히 설해져 있고, 전체 11地로 분류되어 있기 때문에 검토를 생략하기로 하고, 여기서는 위의 나머지 十地説을 간단히 요약해서 이야기를 계속해 가도록 하자.

大事(Mahāvastu) - 小乗 불교 시대의 본생담을 정리한 본생담계 불전, BC 1세기~ AC 2세기 경 성립, 修行階位의 전후순서가 확립되어 있는 것도 아니고 전체내용이 불통일. 大乗十地説의 嚆矢.

菩薩本行経類 - 本業十地説이 설해진 経으로는 菩薩本行経, 十住行道品, 菩薩十住経 등이 있다. 이 十地는 般若経의 4位説(初発意, 久発意, 不退転, 一生補処)을 배경으로 한 대승보살의 수행계위를 설정.

大品般若経 - 이 十地説은 7地까지는 声聞地, 8地는 辟地仏, 9地는 菩薩地, 10地는 仏地로 되어 있어서, 결국 三乗의 修行段階를 점진적으로 거쳐 이상적인 仏地에 도달하게 됨. 다만 般若바라밀에 중점을 두고 있음.

華嚴十地説 - 華嚴十地説을 설한 漢訳経으로는 3세기 訳의 漸

_____

10) 이하, 権坦俊,「華嚴과 解深密経의 十地説 比較」(『韓国仏教学』) 참조.

備一切智德経 5巻, 5세기 訳의 十住経 4巻, 5세기 訳의 60巻 華嚴経, 7세기 訳의 80巻 華嚴経, 8세기 訳의 十地経 9巻 등 5本이 있다. 60巻 華嚴経에 의거하여 各地의 명칭을 순서대로 열거해 보면 다음과 같다. 華嚴十地説은 十바라밀을 바탕으로 이루어진 것으로, 이 十바라밀은 六바라밀에 方便, 願力, 智의 四바라밀을 더한 것으로, 歡喜地 離垢地 明地(発光地) 焔地(焔慧地) 難勝地 現前地 遠行地 不動地 善慧地 法雲地가 그것이다.

위의 十地説의 전개에서 보듯, 『釈迦如来十地修行記』의 十地에 대조를 이루는 것은 華嚴十地説이다. 여기서 60巻 華嚴経의 各地에 대한 내용설명과 『釈迦如来十地修行記』의 各地의 설화내용 중 매우 부합한다고 생각되는 부분을 대비시켜 보면 다음과 같다.

	60巻 華嚴経	『釈迦如来十地修行記』
제 1地	보살은 이 地에서 우선 자기에 관한 일체를 大施大捨하여 布施行을 닦는다.	善色鹿王이 잉태한 사슴을 대신해 捨身하려 했다.
제 3地	깊이 法을 구해서 法을 듣기 위해서는 모든 역경을 참고 견딘다.	聞法을 위해 妻子, 자기 몸까지 喜捨하려 했다.
제 7地	大方便力을 내어 일체의 仏法에 따르는 行을 일으키게 된다.	보살이 방편으로 금송아지로 태어났다.

	60卷 華厳経	『釈迦如来十地修行記』
제 8地	諸仏이 本願力에 의해 나타나서 이 地의 보살이 가장 깊고 고요한 해탈을 얻은 것을 찬탄하면서 더욱 정진하여 無量無邊의 지혜를 일으키는 인연을 준다.	보살이 蓮灯仏로부터 授記를 받았다.
제 10地	이 地에서의 보살은 究竟에 도달하여 仏位를 証得하고 仏의 十力을 갖추어 부처님의 類에 들어가게 된다.	悉達太子가 6년 苦行한 끝에 마침내 부처가 되었다.

이와 같이 十地 중 5개 정도에 상당히 부합하는 요소가 발견된다. 특히, 제3지, 제8지, 제10지는 매우 부합한다. 따라서 체제구성 면에서 『釈迦如来十地修行記』는 華厳十地説을 기본 바탕으로 삼고 있다고 말할 수 있겠다. 다만, 十바라밀을 바탕으로 조직된 華厳十地説에서 十바라밀사상을 배제함으로서 구성 면에서 볼 때, 본 작품은 華厳十地와의 완전일치를 시도했다기 보다는, 華厳十地説을 응용한 본생설화계 불전구축에 더 많은 의의를 두고 있었다고 보인다. 사실, 잘 알려져 있는 유명한 본생설화를 염두한 작품구상이었다면, 十바라밀체재를 따르기 힘들었을 것이다. 왜냐하면, 본생설화 그 중에서도 유명한 본생설화의 대부분이 布施, 持戒, 忍辱에 집중되어 있을 뿐만 아니라, 특히 方便, 願,力, 智의 四바라밀에 해당되는

본생설화는 찾아보기 힘든 실정이기 때문이다.

③

이와 같이 『三宝絵』는 天台宗에, 『釈迦如来十地修行記』는 화엄종에 각각 사상적 지반을 두고 있어 상이한 양 작품이 생성된 것이다. 이점은 양국의 주된 불교사상의 반영이라는 측면으로도 볼 수 있지 않을까 생각한다.

위의 고찰에서 유추해 볼 때, 현재 『釈迦如来十地修行記』의 최초의 撰集者로 「독서층 출신의 대덕고승」이 추정되고 있는데, 본 발표에서는 한 걸음 더 나아가 본 작품의 최초 撰集者로서는 「화엄종과 관련이 깊은 승려」일 가능성이 높음을 밝혀둔다.

『三宝絵』는 13개의 본생설화 만으로 구성되어 순수한 본생설화집이지만, 『釈迦如来十地修行記』는 9개의 본생설화와 마지막에 석가의 現生이야기인 悉達太子譚이 배치되어 仏伝의 형태를 모두 갖추고 있다. 이점 또한 양 작품의 큰 차이점이다. 이렇게 된 이유는 다름 아닌 六度万行과 十地라는 양 작품의 相異한 조직구성원리에서 찾을 수 있는 것이다.

또한, 양 작품에서 석가의 전생에 있어서 雪山에 대한 이미지가 확연히 다르다. 『三宝絵』에는 귀신으로부터 무상계를 듣는 雪山童子譚을, 『釈迦如来十地修行記』에는 蓮灯仏로부터

授記를 받는 善慧童子를 각각 수록하고 있다. 이점은 한일양국의 본생설화, 불전의 전개과정에서도 볼 수 있는 현상이다. 예컨대, 한국의『석보상절』『월인천강지곡』『팔상명행록』이나, 일본의『今昔物語集』『釈迦本懷伝記』등, 양국의 불전의 전개과정에서도 이와 같은 현상이 나타나는 것이다. 덧붙여, 양 작품의 独自설화 중에서『釈迦如来十地修行記』의 金牛太子譚,『三宝絵』의 流水長者, 堅誓獅子譚 등도 각각 양국에서 크게 유포된 설화로 주목된다 하겠다.

마지막으로, 양 작품에 등장하는 5개의 共有설화, 즉 忍辱仙人, 善友太子, 鹿王, 薩埵太子, 須太那太子의 설화배열에 주목해 보자. 이 중 忍辱仙人, 善友太子설화는『三宝絵』前半의「六度」설화군에 속해 있는 것임으로 이를 제외하고 나머지 共有설화를 수록 순서대로 배열해 보면 다음과 같다.

9화 · 제11화 · 제12화- 鹿王 · 薩埵王子 · 須太那太子
제1지 · 제4지 · 제9지 - 善色鹿王 · 捨身太子 · 布施太子

鹿王 · 善色鹿王, 薩埵王子 · 捨身太子, 須太那太子 · 布施太子는 붙인 이름만 다를 뿐 동일설화이다. 이와 같이 설화배열 순서가 일치한다. 뿐만아니라, 鹿王(善色鹿王)과 같이, 수행계위가 상대적으로 낮다고 인식되어지는 동물담이 비교적 앞에

위치하는 점이나, 須太那太子(布施太子)와 같이, 상대적으로
수행계위가 높다고 인식되고 있는 설화가[11) 양 작품에서 마
지막 본생설화를 장식하고 있는 것을 알 수 있다. 이것은, 말
하자면 양 작품에 架空된 시간개념이 개입되어 있다고 볼 수
밖에 없는 것이다. 따라서『三宝絵』後半의「万行」설화군과
『釈迦如来十地修行記』양 작품에는 공히 보살의 수행계위가
설화적으로 반영되어 있다고 할 수 있다. 덧붙여 六바라밀은
원래 보살의 수행계위에 맞춘 것임으로,『三宝絵』前半 後半
모두 보살의 수행계위가 설화적으로 반영되어 있다고 볼 수
있다. 요컨대, 본 고찰에 의해서도『三宝絵』상권의 구성에 있
어서, 보살(수행자)의 수행계위가 설화적으로 반영되어 있음
을 확인할 수 있는 것이다.

이상, 한일 양국의 본생설화집의 대표작이라 할 수 있는
『釈迦如来十地修行記』와『三宝絵』의 비교고찰을 통하여, 서
로 다른 불교문화사상이 반영되어 있음을 지적하였고, 아울
러,『釈迦如来十地修行記』의 최초의 撰集者로「화엄종과 관
련이 깊은 승려」가 추정되는 점과,『三宝絵』상권의 구성에 있
어서, 보살(수행자)의 수행계위가 설화적으로 반영되어 있음

---

11) 본 설화는 南伝仏教에 있어서의 파리語三蔵의 経典에 수록되어 있
는 본생담의 집대성인『자타카』에서도 최종을 장식하고 있어 설화
로, 시간의 흐름상으로 파악할 때 부처의 위치에 근접한 매우 수행계
위가 높은 본생보살담으로 파악된다.

을 재차 확인할 수 있었다.

특히, 양 작품에는 많은 공유설화와 비슷한 시간개념을 내포하고 있음에도 불구하고, 천태종 보살도에 근간을 둔 「六度万行」과 주로 화엄종 보살도에 근간을 두었다고 보이는 「十地」라는 각기 다른 조직구성체계를 갖고 있는데, 이는 고찰해 본 바와 같이, 다름 아닌 양국 불교의 주된 사상사적 혹은 문화사적 지반의 차이에서 그 원인을 찾을 수 있는 것이다.

참고문헌 ●●●

干潟龍祥, 『ジャータカ概觀』, 鈴木學術財團, 1979.

小泉弘外, 『諸本對照三寶繪集成』, 笠間書院, 1981.

江口孝夫校注, 『三寶繪詞上』, 現代思潮社, 1982.

中村元編著, 『新佛敎語源散策』, 東京書籍, 1986.

山田孝雄, 「三寶繪詞の硏究」(『國語國文』, 1950년 10월호), 1950.

塚田晃信, 「三寶繪の佛典受容」(『東洋大學短期大學紀要』第6号), 1976.

森正人, 「三寶繪の成立と法苑珠林」(『愛知縣立大學文學部論集』第26
号), 1978.

金子大榮, 「菩薩精神の實踐」(『日本佛敎史觀』, 春秋社), 1979.

池辺實, 「三寶繪上の說話的方法」(『文學硏究』第57卷, 日本文學硏究
繪), 1984.

仲井克己, 「三寶繪の時代」(『古代說話とその周辺』, 明治書院), 1988.

岩本裕, 『日本佛敎語辭典』, 平凡社, 1988.

中村元 外, 『岩波佛敎辭典』, 岩波書店, 1989.

出雲路修, 「解說」(『三寶繪』, 東洋文庫本・平凡社), 1990.

池上洵一, 「解說」(『今昔物語集 三』, 日本古典文學大系本, 岩波書店),
1993.

高橋文二, 「三寶繪 往生要集」(『岩波講座 日本文學史 第2卷』, 岩波書
店), 1996.

馬淵和夫, 「三寶繪 解說」(『三寶繪 注好選』, 新日本古典文學大系本・
岩波書店), 1997.

金 泰光, 「三寶繪 上卷の構成 - 菩薩修行階位說話的反映 - 」(『國文論
叢』第26号), 1998.

1. 資料

한국

釈迦如来十地修行記, 木版本, 姜銓燮 所蔵本, 1660.

釈迦如来十地修行記, 木版本, 高麗大 所蔵本, 1660.

釈迦如来十地修行記, 木版本, 延世大 所蔵本, 1660.

釈迦如来行録, 逐機別談収録, 筆写本, 東国大 所蔵本, 年代未詳.

釈迦如来十地行録, 懸吐活字本, 安震湖編, 法輪社, 1936.

釈迦如来十地行録, 国訳活字本, 安震湖編, 法輪社, 1939.

仏陀의 十地行録, 現代訳本, 정서운 訳解, 明文堂, 1978.

敦煌変文, 楊家絡編, 世界書局, 1977.

八相録, 活字本, 宝蓮閣, 1982.

月印釈譜, 21,23合本(影印本), 弘文閣, 1984.

月印千江之曲, 影印合本, 弘文閣, 1986.

釈譜詳節, 上,下(影印本), 金英培編訳, 東国大 附設 訳経院. 1986.

일본

三宝絵詞, 筆写本, 名古屋市博物館蔵本(関戸本), 1120年 筆写.

三宝絵, 筆写本, 東京国立博物館蔵本(東寺観智院本), 1273年 筆写.

三宝絵, 筆写本, 前田本, 1715年 筆写.

三宝絵略注, 山田孝雄校注, 宝文館, 1951.

諸本対照三宝絵集成, 小泉弘外校注, 笠間書院, 1981.

三宝絵詞, 上,下, 江口孝夫校注, 現代思潮社, 1982.

三宝絵, 東洋文庫本, 出雲路修校注, 平凡社, 1990.

三宝絵 注好選, 新日本古典文学大系本, 馬淵和夫校注, 新日本古典文学大系, 1997.

鈴鹿本 今昔物語集, 上,下(影印本), 安田章編, 京都大学学術出版絵, 1997.

2. 著書

한국

金雲学, 仏教文学의 理論, 一志社, 1981.

安啓鉉, 韓国仏教思想史 研究, 東国大出版部, 1983.

趙東一, 韓国小説의 理論, 知識産業社, 1994.

史在東, 仏教系 国文小説의 研究, 中央文化社, 1994.

史在東, 韓国敍事文学史의 研究Ⅰ~Ⅴ, 中央文化社, 1995.

일본

干潟龍祥, ジャータカ概観, 鈴木学術財団, 1979.

干潟龍祥, 本生経類의 思想史的研究, 改訂増補版, 山喜房仏書林, 1979.

中村元編著, 新仏教語源散策, 東京書籍, 1986.

小峯和明, 今昔物語集의 形成과 構造, 笠間書院, 1986.

黒部通善, 日本仏伝文学의 研究, 和泉書院, 1989.

杉木卓洲, 菩薩 - ジャータカからの探求 - , 平樂寺書店, 1993.

3. 論文

한국

張元圭, 菩薩十地説의 展開에 대한 考察, 仏教学報 第2輯, 1964.

印權煥, <적성의젼>의 根源説話 研究, 人文論集 第8輯, 高麗大 人文大, 1967.

史在東, <安樂国太子経>研究, 人文科学研究所 論文集 第13巻2号, 忠南大, 1986.

申東鎮, <金牛太子伝>研究, 語文研究 第16輯, 語文研究会, 1987.

李康沃, 仏教系 説話의 小説化 過程에 대한 考察, 古典文学研究 第4輯, 韓国古典文学研究会, 1988.

金漢春, 韓国仏伝文学의 研究, 語文研究 第22輯, 語文研究会, 1991.

崔皓哲, <釈迦如来十地修行記>의 小説史的 展開, 高麗大 碩士学位論文, 1993.

崔珍奉, <금송아지전>의 構造와 意味, 崇実語文 第10輯, 1993.

전진아, <금송아지전>研究 - 異本의 展開様相을 중심으로, 梨花女大 碩士学位論文, 1995.

朴光洙, <팔상명행녹>의 系統과 文学的 実相, 忠南大 博士学位論文, 1997.

朴炳東, <釈迦如来十地修行記>研究, 忠南大 博士学位論文, 1997.

일본

山田孝雄, 三宝絵詞の研究, 国語国文1950年10月号, 1950.

塚田晃信, 三宝絵の仏典受容, 東洋大学短期大学紀要 第6号, 1976.

森正人, 三宝絵の成立と法苑珠林, 愛知県立大学文学部論集 第26号, 1978.

池辺実, 三宝絵上の説話的方法, 文学研究 第57巻(日本文学研究会), 1984.

池上洵一, 天竺から来た説話 - 月の兎 - , 今昔物語集の世界, 筑摩書房, 1984.

仲井克己, 三宝絵の時代, 中世説話とその周辺, 明治書院, 1988.

高木宗監, <釈尊伝>と<源氏物語>, 国語国文 第24号, 1989.

小峯和明, 仏伝と絵解き、絵解き- 研究資料 -, 三弥井書店, 1989.

出雲路修, 解説, 三宝絵(東洋文庫本・平凡社), 1990.

徳田和夫, 本地物語の基層, 岩波講座 日本文学と仏教 第8巻, 岩波書店, 1994.

高橋文二, 三宝絵 往生要集, 岩波講座 日本文学史 第2巻, 岩波書店, 1996.

渡辺愛子, ジャータカの生命観, 真宗文化 第5号, 1996.

池上洵一, 東大寺図書館蔵〈釈迦如来釈〉- 解説と翻刻, 文化学年報 第16号, 1997.

拙稿(a), 三宝絵 上巻の構成 - 菩薩の修行階位の説話的反映, 『国文論叢』第26号, 1998.

拙稿(b), 日本文学における本生譚の研究, 博士学位論文, 1998.

옮긴이 ●●●

김태광金泰光

경북 청송 출생
영남대학교 일어교육과 졸업
문부성 일본어일본문화국비유학생
일본국립 고베대학 대학원 석사・박사과정 졸업. 학술박사
일본고전설화문학・한일비교문화 전공
『三寶繪』上卷의 生成(일본어문학 제7집, 1999), 『삼보회』의 육바라밀
설화 구성(일본어문학 제31집, 2005), 본생설화집을 통한 한일문화의
비교연구(일어일문학연구 제47집, 2003), 『今昔物語集』의 성립 - 仏
伝의 考察을 통해서 -(일어일문학 제12집, 1999), 『今昔物語集』와『報
恩經』(일본문화학보 제7집 1999), 『今昔物語集』의 여우담 연구(일본
학보 제44집, 2000), "귀토설화"의 한일비교 연구(일본학보 제58집,
2003) 등 다수의 논문 및 저서